AU-DESSUS DES NUAGES...

DU MÊME AUTEUR

La Couleur préférée de ma mère,
Robert Laffont, 2002

DORINE BOURNETON
avec Claude Mendibil

AU-DESSUS DES NUAGES...

récit

ROBERT LAFFONT

ISBN 978-2-221-14547-0

À Charline, la plus belle étoile de ma vie

« Le ciel est joli comme un ange.
L'azur et l'onde communient.
Je sors. Si un rayon me blesse
Je succomberai sur la mousse. »

Arthur Rimbaud,
« Bannières de mai »

À travers cette formidable leçon de vie, Dorine Bourneton nous montre qu'il ne faut jamais abandonner ses rêves et avoir le courage, si ce n'est l'audace, d'essayer de transformer l'impossible en possible. Là réside cette leçon précieuse : les épreuves de la vie peuvent parfois faire naître des saveurs inattendues à condition de ne pas laisser tarir cette joie en soi et d'oser. En somme, il faut savoir chercher le bleu du ciel ou le plein été, au-dessus des nuages..

Claudie Haigneré

Dix secondes...

Devant moi, la piste d'envol se déroule, une langue de bitume large et majestueuse. Au loin, des volutes d'eau s'évaporent, formant une brume légère. Alignée sur la piste, casquette vissée sur la tête, les yeux fixant l'horizon, j'attends l'autorisation de décollage de la tour de contrôle. Les secondes s'écoulent, comme suspendues, dans un calme irréel et la douce chaleur du cockpit.

Il fait beau ce vendredi 24 juin 2011. Cette première journée ouverte au grand public a fait affluer au Salon du Bourget des dizaines de milliers de personnes férues d'aéronautique et amatrices de spectacles aériens. Une clarté blanche illumine les étendues d'herbe rase et les pistes dont les aéronefs sont les seuls reliefs.

Dix secondes. Le temps paraît long quand la concentration est à son maximum. J'ai l'impression d'être un pilote de formule 1 qui guette le signal du drapeau pour bondir. Des secondes, il y en a eu aussi de très courtes dans ma vie. Ma vie d'avant. Avant l'accident. Quatre, trois, deux...

Je pense à tous mes amis que je représente aujourd'hui et que je ne peux décevoir. Et à la responsabilité qui pèse sur mes épaules, à toutes ces années d'engagement qui vont être récompensées par ce vol.

Trois mois plus tôt, je n'y songeais même pas. Je n'avais pas touché les commandes d'un avion depuis sept ans. Ma licence était périmée. Mais lorsque Ludovic, le président de la Commission des pilotes handicapés de l'Aéro-Club de France, m'informe que je peux présenter un avion au Salon du Bourget, l'émotion me submerge, comme une montée de sève, un regain de vie. Me glisser entre les vols du prestigieux Airbus A380, de l'ultratechnologique Rafale, et des champions de voltige, j'en rêve. Trois mois pour revalider ma licence et m'entraîner à une belle démonstration en vue du jour J, c'est très court, mais avec la passion qui m'anime, je devrais y arriver.

D'autant que je ne suis pas seule. Je peux compter sur des amis chers qui me soutiennent et qui ne m'ont jamais abandonnée dans la poursuite de mes rêves les plus fous. Les rêves... Il y en a de toutes sortes, des modestes, des sublimes, et ceux qui sont plus grands que la vie, qu'on doit rendre accessibles même s'ils semblent impossibles.

Je m'inscris avec Jean-Louis Daroux, un ancien pilote de l'armée de l'air, à la rigueur toute militaire, un atout précieux pour me permettre de retrouver rapidement un bon niveau. Mon autre guide, c'est Guillaume dont la grandeur est telle que, même assis, elle atteint des sommets. Bientôt vingt ans qu'on se connaît. Lui, c'est un accident de planeur qui l'a mis sur un fauteuil. Mais il n'a eu besoin de personne pour dessiner, faire fabriquer et homologuer des équipements manuels de pilotage. Sur les terrains d'aviation, nous sommes inséparables et il me soutient dans chacun de mes défis. Pionnier parmi les pionniers, il a déjà participé à trois Salons du Bourget. Guillaume connaît très bien le *box*, ce fameux volume de vol face aux spectateurs dont il ne faut pas sortir.

Stéphane Pichené (pilote d'essai de la Direction générale de l'armement) est le directeur des vols du Bourget. C'est lui qui valide les candidatures et les figures. Les démonstrations aériennes sont contrôlées par un radar qui suit et enregistre en temps réel et en 3D la position exacte d'un avion. Chaque dépassement du box est reporté en rouge sur le *print*, la feuille de vol. Il est interdit d'en sortir, de survoler la foule, de réaliser certaines figures, d'empiéter sur l'espace aérien de Roissy tout proche. Stéphane est impitoyable sur le respect des volumes, ce n'est pas pour rien qu'on l'appelle « Jupiter ». Ma crainte sera d'entendre sa voix dans mon casque, exigeant le retour immédiat de l'appareil à l'atterrissage. Dans ce cas, ce serait l'exclusion immédiate. « T'inquiète pas, ma puce, tu vas y arriver, tu verras... », me répète Guillaume.

Si, justement, je m'inquiète. On ne remonte pas dans un avion comme sur un vélo. Piloter est une question de sensibilité, de ressenti, et je vois bien que j'ai perdu le « sens de l'air », ce petit truc qui fait qu'on sait apprécier une hauteur et une distance par rapport au sol, évaluer un angle d'approche. Moi qui connaissais toutes les subtilités du *kiss landing* (atterrissage en douceur), je suis abattue. Trop haut, trop bas, je ne sais plus tenir l'avion sur son axe, lire une carte ou « collationner » (répéter les messages radio) en zone contrôlée. Je me perds, j'hésite, je cherche mes mots, la bonne phraséologie. J'avais oublié que piloter un avion comme jouer d'un instrument de musique exigent la même rigueur et une pratique régulière.

Devenir une virtuose de l'air est un rêve qui se mérite. J'ai la volonté, la foi et, une à une, je reconquiers mes facultés. Après quatre heures de cours, ma licence est revalidée. Les entraînements peuvent débuter. Il reste un mois et demi avant le grand vol.

Avec mon instructeur, nous prenons comme repères au sol deux lignes à haute tension au-dessus desquelles j'exécute mes arabesques. Je découvrirai plus tard, et à mes dépens, que l'espace où j'évolue est plus large et moins contraignant que le box du Bourget. Pour l'instant, je m'entraîne chaque week-end et répète à la voix de Jean-Louis les gestes pour accomplir mes figures, corriger, et acquérir les bons réflexes. Recommencer inlassablement, dans toutes les configurations, est le seul moyen pour réussir ma démonstration le jour J.

La météo n'est pas toujours au rendez-vous. Il y a parfois des turbulences et un puissant vent de travers qui me déporte de mon axe. Je dois le corriger, ouvrir ou resserrer les courbes, maîtriser ma trajectoire. Le vent, c'est ce que je redoute le plus au Bourget.

Au vol de validation devant Jupiter, ce que je craignais se produit : le vent souffle très fort. J'ai cinq minutes pour faire mes preuves. Mon pouls s'affole dans mes tempes, mais mes mains posées sur les commandes de vol ne tremblent pas.

Puissance, décollage, je prends de la vitesse. Le vent me précipite vers mes premiers repères. Tout va très vite. J'essaie d'anticiper, mais déjà il me pousse à l'est du terrain, en dehors des limites. Je suis tellement surprise que le stress monte en flèche. Sous mon capot apparaît la deuxième piste restée active pour les vols commerciaux et qui, pour nous, matérialise un axe à ne dépasser sous aucun prétexte. « Hé, Dorine, reviens ! C'est par ici que ça se passe ! » a crié joyeusement un copain qui me regardait voler. Du ciel, je ne peux pas l'entendre, mais, quand il me le rapporte quelques jours plus tard, ça me fait beaucoup rire.

Surtout, ne pas céder à la panique. Vite, demi-tour pour revenir à la verticale de ma piste. Les secondes défilent à toute allure, et le temps qui m'est imparti est écoulé. Au sol, l'avion qui me succède attend son tour, et je dois demander à la tour de contrôle l'autorisation d'atterrir sur la piste de dégagement. C'est un fiasco total. Et la honte pour moi.

Je roule lentement vers l'aire de stationnement afin de retarder le moment du verdict. Dans mon esprit, je vis mes dernières minutes au Bourget. Mes copains m'apportent mon fauteuil sur le tarmac. «Alors, c'était comment?» me questionnent-ils tout en arrimant l'avion pour la nuit. Je leur explique ma déception : un volume aussi étroit, je ne m'y attendais pas.

Une heure plus tard, je rejoins le Bureau des présentations en vol où Jupiter a prévu un débriefing dont j'imagine d'avance la teneur. C'est fichu, je n'ai pas été à la hauteur, mes espoirs s'envolent. Je frappe à sa porte. En entrant, je contiens mes larmes. Jupiter examine ma feuille de vol où les lignes rouges du tracé radar abondent. Dubitatif, il me jette un regard, puis replonge sur le tracé en fronçant les sourcils. Le temps s'arrête. Mon rêve est suspendu à un « oui » ou à un « non ». Alors, je tente le tout pour le tout en imputant ma piteuse prestation à la météo et à l'émotion. C'est allé si vite ! «Je sais que ce n'était pas terrible, mais, maintenant, j'ai pris mes repères. Le deuxième essai sera bien meilleur ! » dis-je d'une voix qui se veut pleine de courage.

Stéphane me dévisage comme si j'étais une extraterrestre. Il sourit légèrement. « Bon. Je t'accorde un autre essai demain. » Sans réfléchir, je me hisse de mon fauteuil pour lui faire une bise. Peu habitué à ces épanchements, l'ancien militaire en reste coi et j'en profite pour m'éclipser.

Dans le couloir, Guillaume m'attend et je tombe dans ses bras, ivre de joie. Lui aussi est heureux qu'on me donne une seconde chance. Il sait que les enjeux sont importants : le Bourget est une chaîne de confiance où chacun tient un rôle bien précis et joue sa peau. Près de vingt-cinq personnes sont mobilisées pour le bon déroulement de nos vols. Certes, je suis sortie du box, mais Jupiter, pour qui le maître mot est « sécurité », a voulu récompenser mon sang-froid face à une situation compliquée. Le soir, avec Guillaume, nous décomposons le vol, geste après geste.

Pendant la nuit, je me réveille à plusieurs reprises pour consulter l'évolution de la météo. Je refais le vol dans ma tête. Le souvenir des paroles rassurantes de Guillaume m'aide à trouver le sommeil. Tout ira bien. Il me l'a promis.

Effectivement, le second essai est nettement meilleur. Je pourrais mettre davantage de punch dans mon pilotage, mais la pression est telle et le temps imparti si court que toute improvisation est exclue. Quand je retrouve Jupiter, il semble moins tendu que la veille, même si ma feuille de vol comporte encore un peu de rouge. J'attends le verdict en retenant mon souffle : « Bon, ce n'est pas parfait, dit-il, mais je valide ! » Je l'embrasse de toute mon âme. Il n'imagine pas le cadeau qu'il me fait.

C'est une telle chance, un tel bonheur de partager le même espace que les légendes de l'aviation ! Même si l'enjeu que représente ma participation me donne le vertige. En volant au Bourget, la plus grande vitrine de l'aéronautique mondiale, je porte sur mes épaules l'image de toute une communauté de pilotes. Le jour de ma démonstration, je n'aurai pas droit à l'erreur. Un faux pas, et la confiance que nous avons durement gagnée pourrait être remise en cause. Et, en premier lieu, ce pour quoi nous nous sommes battus depuis 1996 : la reconnaissance des pilotes handicapés dans le milieu professionnel.

« Robin one, autorisé décollage, piste 03. Vent cinquante degrés, huit nœuds ! » La voix céleste de la tour de contrôle me tire de mes pensées. J'enfonce la manette des gaz. L'émotion est intense. Je roule en fixant les repères sur le milieu de la piste, résistant au vent de travers qui me pousse. La piste défile sous mes pieds, l'avion prend de la vitesse et quitte le sol. Virage à gauche.

À cet instant, je m'affranchis de mes liens, plus légère que les milliers de spectateurs qui me regardent du sol et qui ne savent pas encore que le pilote qui vient de s'envoler n'a que ses bras et sa tête pour piloter. Le Bourget a eu ses pionniers, ses héros mythiques. Mais une femme paraplégique, ça ne s'était jamais vu.

Au cocktail de bienvenue, un homme avait marché vers moi une coupe de champagne à la main. « Gilles Fournier, directeur du Salon. Nous sommes fiers de vous accueillir parmi nous. » Il s'était agenouillé et m'avait regardée droit dans les yeux : « Je suis certain que vous allez tous nous épater ! » À son attitude, j'ai ressenti toute la bienveillance qu'il portait en lui. J'ai souri, mais un frisson a parcouru ma peau. Lui non plus, je ne devais pas le décevoir.

Le Robin dessine en douceur des cercles dans le ciel avec une aisance que je n'osais espérer vu le trac qui m'étreint depuis le matin. Mon corps esquisse des volutes et caresse les filets d'air. L'avion suit docilement, il me colle à la peau. Et mon cœur palpite en pensant que parmi les spectateurs qui lèvent le nez vers moi, il y a mon père et Charline, ma fille de cinq ans.

Voler est un rêve, mais c'est surtout beaucoup de concentration, un équilibre entre les instants d'inquiétude et d'allégresse. Comprendre et maîtriser sa machine, soigner son pilotage me rendent humble et forte à la fois, et la magie se révèle lorsque l'avion et moi ne faisons qu'un. C'est un pur moment de grâce.

Au micro, le journaliste Bernard Chabbert présente les pilotes qui évoluent dans le ciel et commente chaque prestation avec poésie. Sa voix musicale m'a toujours bercée. Bernard raconte succinctement mon histoire et l'accident dont j'ai été victime. Mon père qui écoute est très surpris d'apprendre qu'il a trouvé la mort dans le crash auquel j'ai survécu ! J'ai beau le dire à Bernard, chaque fois il me refait le coup !

Au débriefing collectif, je me retrouve au milieu des pilotes d'essai de la grande industrie aéronautique, ceux de la Patrouille de France, et des chasseurs de la base de Saint-Dizier. Devant

Jupiter, la cinquantaine de maestros n'en mène pas large, même si ce sont des as. Nous ne sommes que trois femmes dans l'assemblée masculine, dont Catherine Maunoury, championne de voltige. Son visage souriant me ramène quelques années en arrière, lorsque j'avais accroché sa photo dédicacée au-dessus de mon lit...

Jupiter commente la prestation de chacun et nous recadre s'il y a lieu. Lorsque mon tour arrive, je sens mes joues s'empourprer. J'ai l'impression que tout le monde me regarde. « Alors, Robin one... Tu restes un peu en dessous du plafond, mais bon... avec ton Robin, tu ne fais pas beaucoup de bruit et tu ne déranges personne », annonce-t-il avec un large sourire.

Dans mon silence, je déguste l'instant. La reconnaissance de ces pilotes à mon égard est ma vraie récompense, le plus merveilleux des trophées !

Il y a toujours eu une part d'insouciance en moi. C'est parce que je ne sais pas que les choses sont impossibles que je les réalise. Ma passion pour l'aviation bouscule ma raison. Et en arrivant au pied du mur, je me dis que j'ai été folle de me lancer de tels défis. Cette fois encore, une force invisible m'a poussée à persévérer et à aller de l'avant malgré les obstacles. Épaulée par la communauté des pilotes, je ne me sens jamais seule.

Dans les allées du Salon, les vigiles de la sécurité patrouillent. Le Bourget est une cible de choix pour les terroristes de tout poil. Ici, tout est mis en œuvre pour que rien ne gâche la plus grande fête aéronautique du monde. Je me faufile parmi la foule pour rejoindre mes amis pilotes, croisant des visages célèbres, des pointures, des militaires étoilés. L'élite de l'aviation française et internationale, civile et militaire. D'être ici, je sens mon cœur sourire.

Pour moi, les pilotes sont des êtres à part dont l'attitude réservée cache une profonde sensibilité. Nos relations d'amitié, nos échanges autour d'une passion commune ont enrichi ma perception des choses. Ces hommes m'ont donné envie de me dépasser ; ces femmes, celle de leur ressembler.

De même que les marins aiment les bateaux et vivent dans les ports, j'aime vivre près des avions, respirer l'air des terrains d'aviation. L'aéronautique a la vertu d'accueillir tous les passionnés sans distinction, valides et handicapés. Ma fierté est d'incarner le lien entre eux.

Le soir, dans le chalet de Dassault Aviation, Mika, Tao et Rut, les pilotes du Rafale Solo Display, viennent trinquer avec moi. Vianney, qui surveille les présentations à la vigie, le point le plus haut du Bourget, est l'un des premiers à me féliciter. Pilote de chasse, sa carrière a débuté par une éjection de son siège en Mirage F1 à la suite d'une panne moteur. Notre amitié est née instantanément.

Peu à peu, le Salon se vide, puis les stands ferment un à un. Les gardiens entament leurs rondes avec les chiens. Il faut partir. Dans les allées désertes du Bourget, Vianney s'amuse à pousser mon fauteuil. Lorenzo, son binôme sur Mirage, marche devant nous. La fête est finie, mais j'ai encore envie de m'amuser :

— On l'a dans le viseur. On le tire au canon ? dis-je à Vianney en montrant Lorenzo.

— Quoi, tu veux faire un *dogfight* ? répond-il joyeusement (comprendre : un combat aérien).

Le temps que je chausse un casque imaginaire, nous commençons à nous courser en déployant nos bras comme des ailes. Le Bourget est à nous, comme le milieu du ciel. On se tourne autour, on s'écarte, on s'enroule avec des airs « ultra- » menaçants.

— On croise aux casques ! crie Vianney, ainsi que le font les avions de combat, lorsqu'ils sont verrière contre verrière.

Je m'accroche comme je peux en hurlant de rire. Mes jambes volent, à la limite de la chute, mais j'ai confiance en mon pilote chevronné. Pour finir, « Saï-Saï » et « Mermozette », nos noms de guerre, ont tiré « Lonzo » au canon. *Gun's kill!* Vianney et moi avons remporté la bataille.

Un rêve se brise

Lorsque je reviens sur les lieux de mon enfance, je vois un immense jardin de paradis. Partout où mon regard se pose, jaillissent un souvenir, une émotion restés intacts.

À huit ans, je croque la vie et j'adore faire du vélo. Je pédale pour aller à l'école, je pédale pour en revenir, je pédale la semaine, le week-end. Ainsi, j'explore le monde. De temps en temps, je tombe, puis je me relève, les genoux écorchés. Ce n'est pas grave, je remonte toujours sur ma bicyclette.

Noirétable est un petit village de mille huit cents habitants, cerclé par les montagnes, à la frontière du Puy-de-Dôme. Les étés sont courts et en hiver il neige beaucoup. Un manteau blanc recouvre le pic Pelé qui se dresse face à notre maison. Du balcon, on ne voit que lui. Chaque matin, je l'observe, il me donne la météo du jour. Si la brume l'enveloppe, je sais qu'elle se maintiendra jusqu'au soir.

Petite, j'ai l'impression qu'ici, rien ne bouge. Au-delà des montagnes, le monde n'existe pas.

Pourtant, je m'aventure parfois loin des frontières connues, à la recherche de nouveaux paysages, de nouveaux visages. À vélo, j'élargis le cercle de mes découvertes. Dorine l'exploratrice. Je savoure les plaisirs nus de la nature, la caresse du vent sur les champs de blé. J'aime par-dessus tout le calme de la forêt, les clairières qui accueillent le soleil. Ces paysages merveilleux m'inspirent, me ressourcent. L'odeur de la mousse sur les rochers, le chant des petites rivières près desquelles je me pose... Pour moi, rien n'est plus enchanteur que le parfum de l'humus des sous-bois.

Dans la campagne alentour, il y a des maisons sans électricité qui semblent abandonnées. Les cuisines sombres et couvertes de suie sont collées à l'écurie ou à l'étable. Les fermes ont cette odeur indéfinissable de lait chaud et de fumier.

Quand je suis trop fatiguée pour rentrer, il m'arrive d'aller sonner à une porte pour qu'on appelle M. Bourneton au téléphone, et qu'il vienne me chercher. Mes parents sont ambulanciers et chauffeurs de taxi. À Noirétable et dans les environs, tout le monde connaît la famille.

« Il est mignon, votre petit garçon », leur dit-on souvent. Enfant, mon grand-père m'envoie chez le coiffeur une fois par mois. Je ne sais pas pourquoi il tient à ce que je porte les cheveux très courts. Quoi qu'il en soit, en m'habillant à la Gavroche avec un pantalon en velours, une chemise blanche et un béret sur la tête comme un petit mec, je me sens pleine de force et de courage. Je joue peu à la poupée, mais construire des cabanes, me bagarrer avec mon cousin ou mon frère, conduire le taxi sur les genoux de mon père, ça, oui, j'aime !

Mes parents sont très pris par leur travail. Un coup de téléphone, une urgence, ils doivent partir, vite. Pas le temps de s'occuper des enfants ni de la maison. Notre salle à manger offre de belles occasions de courses au trésor, ne serait-ce que pour dénicher un crayon. C'est un vrai capharnaüm dans lequel je m'égare. Le seul moyen pour qu'elle soit rangée serait une recrudescence de cambriolages dans la région : que les malfrats emportent tout, même le lapin ! Un coup de peinture, le chèque de l'assurance, puis une virée chez Ikea et ce serait la vie à la suédoise au cœur de l'Auvergne.

Mais la Suède à Noirétable, je ne l'ai jamais vue.

Le jour où mon frère part en pension, je me retrouve seule après l'école avec les bruits, le plancher qui craque, et mes craintes de petite fille. À la nuit tombée, je me réfugie dans ma chambre, sous la couette. J'imagine qu'une sorcière est cachée sous mon lit et qu'elle va me couper les jambes si je les laisse pendre. J'essaie de tenir cinq secondes puis dix, puis quinze, assise au bord du matelas. Je tiens bon. Ainsi, j'exorcise mes peurs.

Le dimanche, lorsque la famille se réunit chez mes grands-parents, les rires font oublier le stress de la semaine. Le temps du repas est très important. Mon grand-père surveille la préparation du gibier et des champignons que nous sommes allés ramasser ensemble au petit matin. Les lointaines origines italiennes de ma mère et de ses trois sœurs resurgissent : ça rit et ça parle fort. On joue à la belote des après-midi entiers. « Elle frousse, elle frousse ! » crie mon aïeul en me pointant du doigt. J'ai beau tenter de tricher, c'est souvent lui qui gagne.

Mon cousin Steve n'est jamais à court d'idées pour que je le suive dans ses explorations. Ce goût de l'ailleurs, je l'ai toujours gardé. Tour à tour et selon les saisons, nous sommes Apaches qui dansons autour d'immenses feux de joie, des plumes dans les cheveux, Inuits dans des igloos que l'on monte avec des pierres de glace, Tahitiens parés de colliers de fleurs, chasseurs de caribou dans nos cabanes en sapin. Ou bien petits chimistes, élaborant des cocktails explosifs qui font hurler nos pères lorsque des fumées improbables sortent de la fenêtre. Steve est aussi un grand séducteur. Il couvre de caresses mon dos et mes épaules, effleure mes cuisses de ses doigts. C'est grâce à lui que je ressens mes premiers émois amoureux. D'autres voyages...

Libre et aventureuse, je suis connue pour avoir un tempérament joyeux. Parfois, le dimanche soir, je romps avec François, mon premier gros coup de cœur, pour le plaisir des retrouvailles le vendredi, au retour de la pension où mes parents m'ont inscrite. Durant la semaine, je lui écris des lettres pleines de « toujours », de « jamais ». Je me souviens encore de nos baisers, la nuit, sous la lune. Jusqu'à ce qu'une jolie brune croise son chemin... Je laisse alors filer mon bel amour, le cœur serré. Même si une petite voix me murmure qu'un autre viendra le remplacer.

Pour l'instant, j'ai quatorze ans et une autre passion est en train de naître.

Mon père est mordu d'aviation. Chez nous, tout tourne autour de ce mot, et les magazines, les livres sur les pionniers de l'aéronautique font partie du décor. Une émission, un reportage à la télévision et mon père s'enflamme littéralement. Il s'exalte, devient intarissable sur le sujet.

Rapidement, il me transmet son virus. À voir ses yeux s'allumer, à écouter ses louanges sur l'épopée de l'aviation, les performances des machines et des hommes, je me sens peu à peu attirée vers le ciel. L'aviation va devenir notre grande histoire commune.

Je n'ai que huit ans lorsqu'il débute sa formation de pilote à l'aéro-club d'Aulnat, près de Clermont-Ferrand. Il me fait monter comme sac de sable. « Sac de sable », c'est l'expression que les pilotes utilisent pour nommer le passager à l'arrière de l'avion. Là, j'écoute les leçons de l'instructeur, j'apprends ce vocabulaire si particulier, les paroles mystérieuses échangées avec la tour de contrôle. Il fait chaud dans le ventre de l'avion, je me sens bien. Tellement bien qu'il m'arrive de m'endormir, bercée par le sifflement du vent et le ronronnement du moteur.

À l'aérodrome, je croise des hommes en casque et tenue d'aviateur, lunettes fumées sur le nez, sourire aux lèvres. À l'image de « Pappy » Boyington, mon héros de la série télévisée *Les Têtes brûlées* ! Ils me semblent immenses, inaccessibles, moi qui suis si petite. Leur allure d'acteurs de cinéma ajoute au fantasme, à la fascination. Mon père porte le même blouson en cuir bleu marine : lui aussi est un héros inaccessible, au même titre que les grands aviateurs. Et au royaume des grands, il est le roi.

Je vais donc devenir pilote par amour pour tout ce qui touche à la mythologie de l'aviation. Elle est une aventure collective, mais aussi une émotion intime et personnelle. Au-delà du sentiment de plénitude et de bien-être que je ressens dans un cockpit, c'est une immensité qui s'ouvre à moi, un univers à conquérir. Désormais, c'est en avion que j'explorerai le monde et ma vie sera une suite d'aventures ininterrompues...

Petit à petit, je fais mes gammes et j'acquiers assez de maîtrise pour être lâchée. À quinze ans, j'effectue mon premier vol solo, après dix-sept heures de cours. J'ai des étoiles plein les yeux, je vole avec les étoiles, je suis une étoile !

Ce pas de géant est ma première gloire personnelle, un moment privilégié où je deviens responsable de mon destin, où mon instructeur m'accorde sa confiance pour me laisser partir seule. Si à l'école, je ne fais pas d'étincelles, je découvre que je suis capable de grandes choses lorsque je me sens épaulée. Et à Aulnat, tous les pilotes stimulent mon envie.

Mon deuxième lâcher solo m'a donné du fil à retordre. Le vent s'est invité en force et je peine à maintenir mon avion dans l'axe. Au moment de l'atterrissage, je ne parviens pas à m'aligner sur la piste, je dois remettre les gaz et repartir pour un tour. L'adrénaline coule dans mes veines en même temps que mes pieds tremblent sur les palonniers. Je finis par poser mon appareil, mais j'ai eu peur ! « J'aurai encore besoin de quelques heures en double commande... Je ne suis pas prête ! » dis-je à mon instructeur à la descente de l'avion. Ce jour-là, j'ai compris l'essentiel : l'aviation est une école d'humilité, rien n'est acquis, aucun vol ne ressemble à un autre. On en apprend chaque fois un peu plus. Et la météo est une donne capitale dont il faut tenir compte en priorité.

Disciplinée aux commandes de mon avion, à la maison, je redeviens Dorine la rebelle, Dorine l'indomptable. Je me confronte à ma mère qui ne comprend pas cette passion. Pour elle, c'est un « hobby » coûteux et inutile. « Tu ferais mieux d'envisager des études de droit... », me dit-elle. Que j'apprenne la liberté et l'indépendance lui déplaît fortement. Mais rien n'y fait. Je trace ma route. Envers et contre tout.

Nous sommes au début de l'année 1991. Épinglée sur le mur de l'aéro-club, une affichette attire mon attention : « 12 mai : visite de la base de canadairs de Marignane et rencontre avec les pilotes». «Faut qu'on y aille!» dis-je à mon père que l'excursion tente autant que moi. Nous sommes les premiers à inscrire nos noms.

Trois mois plus tard, le fameux dimanche arrive. Je me lève à 5 heures, dans une maison glaciale. La nuit a été courte. La veille, je suis rentrée tard du cinéma où j'ai vu le film *Danse avec les loups* dans les bras de mon nouvel amoureux. Avant de le quitter, j'accroche un pin's d'avion à son blouson et lui annonce :

— Demain, je vais vivre une journée exceptionnelle, tu penseras à moi!

Dehors, il fait encore nuit et je sens le froid. Avant que mon père ne se lève, j'avale un bon chocolat chaud, des tartines et des gâteaux. Puis il me rejoint avec un café et jette un œil à la fenêtre sur le pic Pelé :

— Regarde... Les nuages cachent complètement la montagne. À mon avis, on ne va pas pouvoir partir.

— Oh, non! Il faut y aller! Il n'y aura plus d'autres occasions...

Pour rien au monde, je ne raterais ce rendez-vous!

— Bon, on va rejoindre les autres et on verra..., me répond-il.

Tout au long du trajet d'autoroute, le ciel est bas, le soleil ne semble pas vouloir se lever. Arrivés à Aulnat, on se précipite vers le météorologiste. Sur son écran, il nous montre le Massif central, entièrement couvert d'une masse sombre et nous déconseille vivement de partir. Peu à peu, les cinq autres membres de l'aéro-club inscrits nous rejoignent, dont Matthias qui, la veille, a obtenu son brevet de pilote le jour de ses dix-sept ans. Comme moi et notre bande de copains, il veut faire carrière dans l'aéronautique. Ce vol, c'est la récompense que lui offrent ses parents.

Les pilotes confirmés se concertent. Les minutes s'écoulent lentement. Pour finir, le pilote le plus expérimenté prend sa décision : « On fait un essai et si ça ne passe pas, on fera demi-tour... »

Au départ, il était prévu que je monte dans un Cessna avec mon père. Mais pour une meilleure répartition des poids, on me propose de grimper dans le Piper immatriculé *Roméo Juliette*, un avion performant, confortable et plus sophistiqué. Enthousiaste, je me précipite au fond de la carlingue. À bord, nous sommes quatre : André, le commandant, Pierre, le copilote, Matthias et moi à l'arrière.

André, je le connais pour avoir suivi les cours sur la météo qu'il donne aux jeunes élèves. « Interdiction d'entrer dans les nuages pour les pilotes qui volent à vue. Le dérèglement de l'oreille interne lors des vols sans visibilité entraînerait irrémédiablement une perte du contrôle de l'appareil », répète-t-il souvent du haut de ses neuf cents heures de vol. Ce jour-là, pourtant, nous avons tous oublié la leçon.

8 heures. Le ciel est gris, mais les avions décollent. Le temps de vol entre Clermont-Ferrand et Marignane est de deux heures et

demie, et notre Piper, pourtant plus rapide, devra suivre le Cessna qui ouvrira la route. Très vite, les nuages isolent nos appareils et nous nous perdons de vue. À tel point que le Piper dépasse le Cessna sans même s'en rendre compte. Celui-ci met le cap vers Saint-Étienne, pour emprunter la vallée du Rhône, tandis que nous nous enfonçons dans les stratus.

Afin de mieux suivre la navigation, Matthias et moi avons détaché nos ceintures et nous nous penchons à l'avant, fascinés par la maîtrise des pilotes sur les instruments et les lumières du tableau de bord. Tout est paisible dans ma tête jusqu'à ce que je lève les yeux : devant nous se dresse un mur de nuages, dense, compact. Je le sens tout proche sans pour autant en évaluer la distance. En tournant la tête, je m'aperçois que le bout des ailes est déjà mangé par les nuées. La panique me gagne. Je me renfonce dans mon siège et rattache ma ceinture de sécurité. Matthias me regarde. Je lui réponds par un sourire. Nous abordons cette région de Haute-Loire qu'on appelle le « Triangle maudit »...

Rapidement, le nuage nous absorbe. Selon les statistiques, lorsqu'un pilote non entraîné au vol aux instruments entre dans les nuages, il reste exactement cent quatre-vingts secondes avant qu'il ne percute le sol. Cent... quatre-vingts... secondes. Trois minutes.

Pierre, le copilote, pousse un cri en s'agrippant à la poignée de sa porte. Ensuite, plus rien. La chute. Le choc.

Des années plus tard, un expert m'expliquera qu'en voulant faire demi-tour, notre Piper a percuté les flancs du mont d'Alambre. Les ailes ont été arrachées par la cime des arbres et nous nous sommes enfoncés dans la forêt. Un rocher sur lequel nous avons ricoché a stoppé l'appareil. Mon siège était accolé à la paroi la plus solide de la carlingue. Elle a résisté au choc alors que le reste de l'habitacle a été pulvérisé.

Il existe de nombreuses photos de cette langue énorme qui forme comme un tsunami de nuages tandis qu'au-dessus le ciel est clair. C'est un phénomène typique de cette région qui est réputée pour avoir été le théâtre d'un grand nombre d'accidents d'avion dont je suis, de tous, l'unique rescapée.

Lorsque je me réveille, je ne sais pas où je suis, je ne sais pas ce qui s'est passé. Autour de moi, le brouillard, le silence, le froid, des craquements sous le métal broyé et fumant. Je cherche André, il est mort. Pour Matthias aussi, c'est fini. Il gît à quelques mètres de là, éjecté de l'avion par la brutalité du choc. Je tends le bras pour tenter d'atteindre Pierre qui gémit un moment et part à son tour.

Je me suis recroquevillée en ramenant sur moi mes pauvres vêtements. Mon corps, je ne le sens plus, mon pied ensanglanté est coincé sous le siège avant. L'attente commence. Les minutes sont des heures, je perds la notion du temps. Un paysage de neige, d'arbres dénudés me cerne. J'ai très peur. Je grelotte, je divague, mais lutte pour ne pas sombrer dans le sommeil. Je sens la mort qui rôde. Après avoir emmené mes trois amis, elle est entrée dans l'habitacle et guette le moindre instant de faiblesse pour se jeter sur moi.

Mon père doit déjà être parti à ma recherche. Mais les secours arriveront-ils avant la nuit? La balise de détresse qui aurait dû se mettre en marche dès notre chute ne fonctionne plus. L'antenne s'est cassée et elle n'émettra des signaux que bien plus tard, par intermittence. Un hélicoptère passe au-dessus de nous, il ne nous voit pas. Je crie, il ne m'entend pas. J'essaie de me redresser, je hurle vers le ciel. Le bruit s'éloigne. C'était peut-être ma dernière chance.

L'attente reprend. Le vent siffle dans les arbres. La lumière ne cesse de baisser. La peur ne me quitte pas. La mort, je la repousse de toutes mes forces. Je claque des dents, je bave, je pleure. Je ne tiendrai plus très longtemps dans ce froid.

Douze heures vont s'écouler ainsi. Longues, lentes, interminables. Toute la journée, je me suis accrochée à la pensée de mon lit douillet, de la chaleur du foyer, de la famille. Je pense à ma mère, je gémis, je rêve de me blottir dans ses bras.

De mon accident, j'ai oublié beaucoup de détails, mais ce qui demeure dans ma solitude, quand tombe le soir, c'est une forme d'angoisse qui s'est gravée au plus profond de moi. Dans ces moments-là, je suis prostrée et je ne peux rien faire d'autre que d'attendre que cette impression de mort toute proche s'estompe.

Selon la réglementation, les recherches n'ont débuté qu'à partir du moment où l'on a estimé que le Piper n'avait plus de carburant. Un périmètre de trois cents kilomètres a été défini. L'avion est tombé vers 8 h 45. À 13 h 30, Philippe, un radio amateur, et Jean, son frère, ont entendu l'alerte de notre disparition et sont venus en renfort.

Dans la forêt où ils cheminent, le brouillard est si dense qu'on n'y voit pas à trois mètres. Ils marchent ainsi tout l'après-midi lorsque, brusquement, Philippe perçoit un gémissement. Pensant d'abord au sifflement du vent dans les branches, il poursuit sa progression. Soudain ma voix lui parvient, toute fine, toute frêle. Son hyperacousie ne l'a pas trompé, il se jette à travers les arbres, sa torche vacillante trouant l'obscurité.

Quelqu'un marche vers moi, quelqu'un appelle, enfin ! et je lui réponds, je lui réponds avec ce qui me reste de forces.

Longtemps après, Philippe m'a expliqué que, ce jour-là, j'avais eu beaucoup de chance : la radio de son frère était tombée en panne, les piles n'ayant pas résisté au froid. Lui venait d'acquérir un matériel plus perfectionné de cibiste qui lui a permis de me repérer. De plus, l'hélicoptère qui survolait la zone de recherches empêchait qu'on m'entende. Ce n'est que lorsque l'appareil s'est déplacé que Philippe a perçu ma voix. Quelqu'un appelait au secours dans la nuit...

Lorsqu'il est arrivé près du Piper écrasé, il a vu une forme tremblante qui gémissait. « J'ai froid...

J'ai froid... » Ce sont les seuls mots que j'arrivais à dire. Jean m'a couverte de son blouson et il est resté à mes côtés tandis que Philippe courait prévenir les secours regroupés en contrebas. La nuit tombant, ils venaient d'arrêter les recherches.

Le premier diagnostic des médecins du Puy-en-Velay est presque anodin : fracture ouverte du pied. « C'est un miracle... », disent-ils. Mais en radiographiant mon dos, le professeur constate la présence d'un hématome sur la colonne vertébrale. Il hoche la tête : « Ça, ce n'est pas bon... », déclare-t-il à mes parents qui comprennent immédiatement la gravité de la situation.

Je suis transférée en hélicoptère à l'hôpital de Clermont-Ferrand. Le verdict tombe après quelques jours : je resterai paraplégique.

Sur mon lit d'hôpital, je refuse de comprendre. Mes parents accourent, mes amis du lycée et de l'aéro-club. Pour l'heure, je suis la miraculée, et personne ne parle encore de fauteuil roulant. Les paroles sont légères, un peu hésitantes, les regards fuyants. Eux imaginent déjà ce que je ne peux concevoir. Je déclare à qui veut l'entendre : « Moi, dans un fauteuil ? Vous rigolez, ou quoi ? »

Pendant un mois, je pense que la sensibilité va revenir et remplacer les douleurs qui sont comme des décharges électriques. Lorsqu'on cessera de me donner de la morphine, peut-être sortirai-je de ce cauchemar, et retrouverai-je l'usage de mes jambes ? Je repousse au maximum l'idée que je ne remarcherai plus, mais à ne rien ressentir et ne produire aucun mouvement, je comprends qu'il est inutile d'espérer. Je dois m'incliner. C'est fini.

Ce soir-là, j'appelle mon père, je pleure, je crie, je demande qu'on me dise que tout ira bien, que ça va s'arranger... Mais il se tait, il ne trouve pas les mots. Et ce silence me dévaste. J'ai les tempes en feu, j'ai mal comme si je perdais un être cher. Que suis-je devenue ?

La première fois que les kinés m'assoient sur une chaise roulante, je comprends que je ne m'en relèverai plus. Mon corps pèse une tonne, mes jambes sont de plomb, déjà, elles ne m'appartiennent plus. Le dos voûté, mes bras tombent à terre. Je redeviens une petite chose grelottante qui revit en boucle la peur, l'attente, le froid, la douleur. Et la vision bien réelle du fauteuil immobile et glacial sonne comme une condamnation à perpétuité.

Dès lors, je ne veux plus sortir de ma chambre.

Un matin, par ma porte entrouverte, j'entends des cris dans le couloir. J'aperçois deux jeunes et beaux garçons, dont un Noir au sourire extraordinaire. Il joue les acrobates sur son fauteuil, roule à toute allure, fait du deux-roues, des demi-tours, se casse la figure, se relève en riant. Je n'en reviens pas. Alors, c'est possible ? On peut être en fauteuil et être joyeux ? On peut être cloué sur une chaise et continuer à rire ?

De ce moment, je ne les quitte plus. L'expérience d'une même douleur resserre les liens : ils trouvent les mots qui réconfortent, le geste qui rassure. « On part avec un handicap, et alors ? On ne va quand même pas se laisser emmerder par des jambes ! » Jamais je n'oublierai cette étincelle de vie qui se transformera, quelques années plus tard, en brasier.

En rééducation, j'apprends à faire du deux-roues, à franchir les trottoirs peu élevés... Parfois je tombe et on m'apprend à me relever. Grâce à l'adrénaline qui entre en jeu comme une substance d'aide à la survie, je trouve en moi la force de me hisser du sol jusqu'au fauteuil.

Au fil des jours, j'intègre au centimètre près l'envergure de mon fauteuil, compagnon détesté, puis accepté malgré moi, jusqu'à faire corps avec lui. Et après deux mois de rééducation, je me sens prête à affronter l'extérieur.

Jamais je n'oublierai cette première sortie : dans l'enceinte de l'hôpital, tout est prévu pour nous faciliter la vie : la largeur des portes, les couloirs spacieux, les rampes, les plans inclinés... L'hôpital est un cocon où le personnel, les kinés m'aident à me dépasser avec une profonde empathie. Leur enthousiasme est communicatif et je suis une éponge qui absorbe tout.

Dehors, c'est la jungle, un monde hostile, décourageant. Il faut voir la hauteur des trottoirs ! Je reviens en larmes, les bras endoloris, déprimée par les multiples obstacles, les marches partout. Et je comprends ce qui m'attend désormais...

Seuls les centres commerciaux sont des lieux de vie accessibles. Le paradis des paraplégiques ! Les entrées sont larges et les allées plates.

Boutiques, cafés, librairies, tout est adapté. Là, je peux circuler librement, sans assistance. Cet espace fermé ne m'enchante guère, mais, parfois, je préfère renoncer à sortir dans la ville plutôt que d'avoir à attendre le bon vouloir des passants. Je déteste mendier de l'aide, et si je n'aime pas qu'on me pousse, je ne refuse jamais une main tendue.

Durant mes longues journées d'hospitalisation, je pense souvent à mon retour dans la société, à cette nouvelle histoire qu'il va me falloir écrire. Comment les autres m'accepteront-ils ?

Mon petit amoureux m'a lâchée, ce qui ne m'étonne pas. Il est parti sur la pointe des pieds, sans oser m'avouer qu'il me quittait. La vision de mon fauteuil d'hôpital a été fatale à cette jolie histoire qui débutait. Comme je le comprends ! Ce fauteuil qu'on m'a prêté avant que le mien ne soit fabriqué sur mesure, comme pour tous les handicapés, est un véritable char d'assaut sur lequel j'ai l'air d'un crapaud !

Peut-être aurait-il dû attendre le passage du représentant en fauteuils roulants. Il y en a pour tous les goûts, avec des volutes, des ramages et des garde-boue fluo. Je choisis un beau jaune pétant ! Paradoxalement, j'ai envie qu'on me remarque, que cette couleur gaie finisse pas me pénétrer, puisque ce fauteuil va me coller à la peau. Peut-être, à m'y frotter, retrouverai-je mon sourire...

Et puis arrive le jour où je dois réintégrer le lycée. C'est la période la plus triste de ma vie dont je retiens peu d'images, si ce n'est une impression profonde de mal-être. Tout le monde se retrouve, bronzé par le soleil des vacances. Moi, je reviens sur un fauteuil. On m'observe de loin, certains n'en croient pas leurs yeux. Ils ont perdu la parole, alors que j'ai envie de crier : « C'est moi ! C'est Dorine ! Je suis la même ! Je n'ai pas changé ! », mais déjà ils ne me voient plus. Je lis dans les regards : « La pauvre... »

Pauvre Dorine, effectivement. Finies, les balades en forêt, ou sur les petits chemins de campagne. Finis, le vélo, le patin à roulettes, la course, les parties de ballon, le tennis, les baignades... Elle est interminable, la liste des jeux de l'enfance. Je peux mettre une croix sur chacun d'eux. Finis aussi, les bals du samedi soir où j'entraînais mes copines dès l'ouverture sur la piste de danse. Un soir, je retourne dans un dancing avec mes amis et j'en ressors en pleurs.

Alors, je m'éloigne de plus en plus pour finir par m'effacer.

Allongée entre quatre planches, je cherche un filet d'air. Au-dessus de moi, j'entends des rires comme étouffés. Je tape contre les parois, je gratte le bois. En vain. Personne ne vient à mon secours. On m'a enterrée vivante. Brusquement, je me réveille, suffocante.

C'est un cauchemar que le jour ne chassera pas. Je le sais. Ce qui m'arrive est une affaire personnelle, je devrai m'en débrouiller seule.

Je réalise que si je veux vivre pleinement ma nouvelle vie, il me faudra recréer une autre famille qui ne m'aura jamais connue autrement qu'ainsi, avec mon handicap. Qu'elle n'ait plus d'éléments de comparaison, de souvenirs en commun. Une nouvelle vie commence. Du moins, le premier jour d'une vie dont je ne sais que faire, dont je ne sais plus rien.

« Ce qui ne vous tue pas vous rend plus fort », dit-on. Cette phrase, je me la suis répétée des dizaines de fois. Est-ce que l'accident m'a renforcée ? Je l'ignore. Il y a eu beaucoup de questions dont je n'ai pas la réponse. Ce que je sais, c'est que je ne pourrai plus vivre avec la légèreté d'avant, face aux innombrables obstacles à surmonter. Et que j'aurai toujours ce besoin absolu de donner du sens aux événements, même ceux qui me paraissent les plus absurdes, comme perdre ses jambes à seize ans.

Un an après, j'effectue un nouveau séjour à l'hôpital. À cette époque, un pilote de mon aéro-club me fait une cour assidue. J'ai dix-huit ans, lui, trente-deux. On s'envoie des lettres enflammées, on flirte à distance, jusqu'à ce qu'il débarque une fin d'après-midi. Nous nous réfugions sur une terrasse derrière le bâtiment, à l'abri des regards. Là, il m'embrasse avec fougue, mon corps s'éveille sous ses caresses. Je me sens belle dans ses bras et j'oublie tout. Même les heures qui tournent, la nuit qui tombe.

À 23 heures, je manque à l'appel et les infirmières me cherchent partout. Peu avant minuit, je réapparais à l'ouverture des portes d'ascenseur face à l'une d'elles, les joues roses, les cheveux en bataille. Elle me regarde rejoindre ma chambre d'un air complice. Elle a tout compris, mais ne fera pas de rapport sur ma conduite buissonnière. Trop heureuse que je retrouve tant de fraîcheur !

Les quelques années qui suivent mon accident sont une longue nuit semée de peurs et de pleurs. Mon corps est défiguré, il me brûle, mes bras se tétanisent au moindre effort, j'ai mal partout et l'impression que je ne me consolerai jamais d'avoir perdu mon autonomie. Et mes fesses toutes rondes. Eh oui, les garçons ne se retournent plus sur mon joli petit cul !

L'unique réconfort de cette période, c'est à Manu que je le dois. J'ai dix-neuf ans et si l'accident a immobilisé mes jambes, il n'a pas tari mes rêveries romanesques. Lorsque mon regard croise celui de ce charmant Parisien de vingt ans, mes pensées cavalcadent !

Cet été-là, Manu est venu passer ses vacances à Noirétable. Moi, je me balade avec Manon, une fille adorable. Elle fait partie des amies que mon nouvel état n'effraie pas et qui n'a rien changé à notre relation. Là, elle m'aide à monter une côte en poussant mon fauteuil. Elle soupire, elle geint bruyamment et je l'encourage par des cris joyeux. On s'amuse, nos rires résonnent dans le village désert, écrasé par le soleil de l'été.

Manu est apparu soudain, il nous observe, puis s'approche de nous. «Je n'ai jamais vu une scène aussi jolie... », murmure-t-il en nous inondant du bleu de ses yeux. J'en ai le souffle coupé. Un vrai coup de foudre ! Il nous dévisage l'une et l'autre. Manon est ravissante et je me sens vite mal à l'aise. Je tourne la tête comme si j'étais de trop. Jusqu'à ce que je comprenne que c'est moi qui l'attire.

Nous nous sommes aimés longtemps, par intermittence. Séducteur, Manu n'est pas l'homme d'une seule femme, et son charme le rend aventurier. Mais lorsqu'il revient en vacances à Noirétable, je redeviens sa petite amoureuse. « Toi, tu es un Falcon triréacteur avec boiseries acajou et petits gâteaux ! » me susurre-t-il. Je ris tellement, surtout lorsqu'il prend les accents du monde entier. En quelques secondes, je passe d'un Russe à un Chinois, d'un Antillais à un Québécois, il me fait faire le tour de la terre...

Le jour, la nuit, nous ne nous quittons plus. Le soleil et la lune sont les témoins de nos jeux. Il sera mon premier véritable amour après l'accident.

Une histoire belle, forte et très importante pour moi, car sans tabou. Jamais je n'ai lu de pitié dans ses yeux. « C'est pas parce que t'as plus de jambes que la Terre s'arrêtera de marcher... », dit-il. D'un éclat de rire, il dédramatise tout et ça me fait un bien fou. Un vrai trésor.

Dans mon ciel, il y a aussi l'aviation et la passion qui me porte. L'accident n'a pas entamé mon rêve fou de devenir pilote. C'est pour lui que je vais me redresser, sourire. Et la famille de l'aéronautique va m'ouvrir les bras, m'accueillir comme son égale, me permettre de renaître, puis d'exister. Désormais, mes dimanches, c'est à l'aéro-club que je les passerai. Avec « les miens ».

Les miens, les miennes... ce sont aussi les aviatrices dont je dévore le récit dans le livre de Bernard Marck[1]. Des femmes qui ont choisi d'arrimer leur destin à celui de l'aéronautique, parfois au péril de leur vie. Un ouvrage plein de sensibilité où je ressens leur courage et leur détermination à chaque page, où la vie prend la dimension d'une aventure universelle. Ces femmes qui ont accompli des exploits avant de connaître la tragédie. À l'inverse de moi qui ai commencé par l'accident, et à qui il reste à réaliser les exploits. Toutes me motivent et me poussent à me relever.

Lorsque, à l'hôpital, j'ai très vite évoqué l'idée de reprendre mes cours, les médecins se sont récriés d'une seule voix : « Impossible, on a besoin de ses pieds pour voler ! » Merci docteur, je connais l'utilisation des palonniers qui permettent de garder l'avion en équilibre sur son axe. Mais seize ans, c'est l'âge où rien n'est impossible. D'ailleurs, mon père me l'a dit et je m'accroche à ses paroles. « On trouvera des solutions, ne t'inquiète pas... », me répète-t-il.

1. *Les Aviatrices*, L'Archipel, 1993.

Je revolerai, personne ne m'en empêchera. Avec ou sans jambes, ma vie sera comme je l'ai toujours voulue : une quête de liberté, d'amour et de passions. Si la vie veut me freiner, je changerai de vie.

Pilote de combat

Avec mon père, je fais le tour des Salons, des meetings aériens pour glaner des informations sur le moyen de piloter un avion sans les pieds. Lors d'un Rassemblement des constructeurs amateurs (RSA), je rencontre Jacqueline Clerc, une célèbre aviatrice qu'une poliomyélite infantile oblige à marcher avec des béquilles. Son père, magnifique bricoleur, lui a construit un « Pou du ciel », un petit aéronef sans palonniers avec lequel elle voyagera jusqu'en Afrique ! C'est exaltant, sauf que mon père, lui, ne sait pas planter un clou. Il fera l'acquisition d'un prototype similaire à reconditionner... qui restera dix ans à encombrer son garage.

En 1993, je n'ai pas encore Internet. J'en reste donc là de mes recherches jusqu'à ce qu'à la suite d'un témoignage que je publie dans la revue *Aviation & Pilote*, on m'informe par courrier qu'il existe des avions où les commandes habituellement aux pieds ont été ramenées à la main grâce à un système mécanique. Et j'apprends qu'à l'aéro-club Midi-Pyrénées à Lasbordes, il existe un de ces aéronefs équipés de « malonniers » !

C'est un pan de ciel bleu qui s'ouvre devant moi, un nouvel espace de liberté : j'avais donc raison, voler ne m'est pas impossible ! Cette lettre déclenche une foule de questions : l'envie est intacte, je le sais, mais une fois dans l'avion, vais-je maîtriser mon appréhension à l'approche des nuages ? Et si je panique ? J'ai drainé le choc de l'accident et accepté de vivre, mais mon corps ne garde-t-il pas des souvenirs dont il cherchera à se protéger ? Il faut que j'aille voir.

À l'époque, seuls trois aéro-clubs possèdent des avions munis de commandes manuelles, dont Toulouse, sur lequel se porte immédiatement mon choix. Toulouse, le berceau de l'aéronautique, de l'Aéropostale ! C'est là où tout a commencé. C'est là que je veux renaître.

Mon permis voiture en poche, je pars m'installer dans la ville rose. Trois ans après que le destin m'a coupé les jambes, j'ai l'impression de gravir un par un les échelons de mon indépendance. D'abord avec mon petit appartement que je gère sans l'aide de personne. Mon père m'a regardée partir, heureux de mes projets. Mais j'ai bien vu dans les yeux de ma mère qu'elle ne comprenait pas ce départ. Dix-neuf ans, seule et handicapée, comment allais-je m'en sortir ?

Je savais qu'en quittant Noirétable pour l'inconnu, je débutais une nouvelle vie, mais je n'avais pas réalisé à quel point tout était à reconquérir. Il me faut réajuster mon corps à l'environnement, ma manière d'appréhender le monde, mon rapport aux autres... De nouveaux gestes restent à intégrer, une identité à retrouver et, au début, tout s'embrouille dans ma tête.

Je ne raisonne pas comme si j'étais née handicapée. Comme toutes les filles de mon âge, je suis coquette, je veux plaire, être aimée. Et la séduction commence par l'apparence. Mais comment se mettre en valeur quand on vit assis ? Mes cuisses flottent dans des jeans trop larges et mes baskets ne tiennent pas sur les repose-pieds. Alors, je porte des talons de douze centimètres calés sur une sangle. Je dénude mes jambes, les laissant dorer au soleil, et je croise des regards surpris. C'est inhabituel, mais j'ai tout à apprendre. Puisque je dois m'adapter, j'opte pour l'ultraféminité. Je me sens tellement plus jolie ainsi.

Jeune fille naïve, je ne possède pas les codes de la ville et ne me méfie de personne. On me parle ? Je réponds. Qui me cherche me trouve. Les mauvaises rencontres ne tardent pas et ma route croise celle de personnes mal intentionnées, dont un toxicomane baratineur qui investit mon appartement jusqu'à ce que je le jette dehors. J'ai dû paraître une proie facile et il a abusé de ma gentillesse. D'une nature confiante, il n'allait pas m'être facile d'apprendre la vigilance.

Sans connaissances, sans amis, ma solitude est immense, malgré l'amitié de Gilles Gonzalves qui, à l'aéro-club Midi-Pyrénées, dirige la section des pilotes handicapés. Il m'est d'un grand soutien et nous faisons quelques sorties ensemble. Mais les pilotes de mon âge, les jeunes ingénieurs que je croise et qui pourraient me plaire, je n'ose pas les approcher. Je ne me sens pas à la hauteur. Alors, je me replie sur les âmes errantes, les chiens perdus.

Seuls mes cours de pilotage me redonnent de la fierté, du relief. Le véritable handicap serait de ne pas oser aller de l'avant, de m'incliner devant le sort. C'est ici que démarre ma véritable rééducation. Aux commandes de mon avion, rien ne me semble hostile. Mes appréhensions s'apaisent, j'apprends à dompter mes émotions, à dominer ma peur. Même si, à l'approche des nuages, il arrive encore à mon corps de trembler. Et de frissonner de bonheur, car mes ailes sont déployées. Dans les airs, je reconquiers ma liberté dont je suis privée sur terre. Plus de cahots, plus de lourdeur, l'avion glisse sur l'onde et rien ne peut arrêter mon désir d'évasion. À l'atterrissage, je suis souvent épuisée, mais soulagée, heureuse.

Malgré tout, cela reste une parenthèse. La « vraie » vie est un concours d'obstacles, même si la ville fait des efforts et que le métro toulousain m'est accessible. Une simple balade dans les rues et je suis à bout de forces. Le fauteuil est lourd et les trottoirs ne sont pas adaptés. De rage, je roule sur la chaussée subissant les bordées d'insultes des automobilistes. Ce monde n'est pas fait pour moi. Je suis si jeune et déjà je n'en peux plus de me battre à longueur de temps. J'ai l'impression d'avoir mille ans.

L'université où je me suis inscrite en cours d'histoire de l'art (comme Jean Mermoz !) se situe à l'autre bout de la ville. Déjà exténuée en arrivant à la fac, les longues heures de cours en amphithéâtre sont un supplice. Je ne parviens plus à me concentrer.

J'envie la gaieté des étudiants sur le campus, le petit grain de folie qu'on a tous à cet âge. C'est une période clé où l'on aborde la vie adulte avec la légèreté de l'enfance. J'aimerais me joindre à ces groupes, mais je reste repliée sur moi-même.

C'est sur ma famille que je reporte mon malaise, lorsque je rentre à Noirétable. Parfois, la douleur éclate et les mots fusent en cataractes. Dans ces moments, toute ma rage resurgit, mes peurs profondes. J'ai l'impression de disjoncter. C'est la tempête, égale en puissance aux souffrances que j'ai traversées. Excessive, sans doute, parce que je suis la seule survivante de mon accident, et que je ne m'autorise pas le droit de me plaindre. Et d'ailleurs, qui peut comprendre ? Qui voudrait l'entendre ?

« Quelle chance tu as eue ! » Autour de moi, tout le monde insiste sur le miracle d'être en vie. Cette notion, je m'en suis pénétrée peu à peu et, aujourd'hui, je l'accepte aussi. Mais à seize ans, on ne se lève pas le matin en se disant qu'être devenue handicapée est une chance ! Me sentant seule, j'ai tu ma détresse.

J'ai beaucoup appris de l'échec. Une notion que j'ai été contrainte d'intégrer et qui m'a menée vers des réussites. Mais, lorsque les enjeux sont importants, la réalité de mon nouveau statut me rattrape. Mes fragilités remontent à la surface. Je perds pied. Bientôt, je laisse tomber la faculté.

Libre de mon temps, je reprends mes cours de pilotage avec Pierre Harquin, un homme de soixante-quinze ans, excellent pédagogue, qui me pousse, m'encourage comme un grand-père sa petite-fille. Après nos vols, il m'invite à déjeuner et sur la nappe en papier, il m'explique les lois de l'aérodynamique à l'aide de croquis. Tout ce que je dois assimiler pour l'obtention du brevet.

— Allons tester ces lois ! lui dis-je, en me levant de table.

— Tu me laisses prendre un p'tit dessert ?

— On n'a pas le temps ! Et ça va alourdir l'avion !

Il rit, heureux de cette belle énergie qui nous lie.

Finalement, la conduite manuelle sur mon *Foxtrot Yankee Zoulou*, même si elle sollicite de la force dans les bras, n'est pas beaucoup plus compliquée que la conduite traditionnelle. Les nouveaux réflexes s'acquièrent rapidement... à raison de trois cours par semaine ! Neuf mois plus tard, le 6 avril 1995, j'obtiens mon brevet de pilote privé. J'ignore si j'ai été « testée » plus que les autres, en revanche, je pense avoir savouré ma victoire bien plus que quiconque.

Après trois heures vingt de vol, Bernard Melton, une pointure redoutée pour son niveau d'exigence et de précision, me conseille de perfectionner certains aspects : « La maniabilité, bravo ! Mais en navigation, vous manquez d'assurance », m'explique-t-il.

C'est vrai. Je suis une instinctive, les « figures imposées », ce n'est pas mon truc. Après avoir assimilé les paramètres, je vole au feeling. J'ai le sens de l'air. Dans l'épreuve où on coupe le moteur de l'avion pour simuler une panne, j'ai bluffé mon examinateur. Merci, Pierre Harquin, c'est à vous que je dois ce premier succès. Lors de l'apprentissage, nous avons multiplié les exercices d'atterrissage sans moteur jusqu'à ce que je maîtrise parfaitement la technique.

Quoi qu'il en soit, j'ai mon brevet ! Désormais, je peux voir le monde d'en haut, avec le même émerveillement que lorsque j'étais enfant. À bord de mon avion, je suis un pilote comme un autre. Le fauteuil reste au sol.

Dans ma voiture, je rejoins Toulouse. À la radio, passe « Minor Swing » de Django Reinhardt. Cette musique manouche m'embarque, me fait voyager. Jouer de tels accords demande une dextérité absolue. On oublie qu'il ne joue qu'avec trois doigts valides à la main gauche... Trois doigts pour six cordes, beaucoup d'instrumentistes affirmeront que c'est impossible ! Et pourtant, Django ne deviendra pas seulement un bon guitariste de jazz, mais l'un des plus talentueux et des plus influents de tous les temps. Imaginez ce que cela représente, lorsqu'on a un amour infini pour la musique et, suite à un accident, plus que trois doigts valides... Imaginez ce que cela représente, lorsqu'on a un amour infini pour l'aviation et, suite à un accident...

Je ne suis pas Django Reinhardt, juste une femme à qui on a dit, comme à lui : « C'est impossible. » Tant de choses paraissent impossibles dans la vie avant qu'on ne s'y attaque... Alors, pourquoi en rester là ? Et si je poussais plus loin ? Mes projets initiaux de carrière étaient de devenir pilote professionnel : je sens bien qu'en obtenant cette licence avec un examinateur qui ne m'a rien épargné, j'ai franchi un cap important.

Après l'obtention de mon brevet, Eugène Bellet, directeur de centres de formation et de réinsertion professionnelle pour handicapés, qui a accompagné la conception des malonniers du *Foxtrot Yankee Zoulou*, me convie à participer au rallye aérien Toulouse/Saint-Louis du Sénégal, sur les traces des pionniers de l'Aéropostale des lignes Latécoère. Durant le voyage, Mermoz et Saint-Exupéry ne quittent pas mon esprit, ils m'accompagnent partout. Ces paysages que je découvre, la mer bordant le désert marocain, les falaises d'Agadir, ils les ont admirés soixante-dix ans plus tôt dans leur Breguet XIV, en transportant le courrier jusqu'à Saint-Louis. Je vais m'enivrer de ces images jusqu'à l'extase.

Réunis autour d'un immense couscous au bivouac de Tarfaya, Eugène, qui nous a baptisés « l'équipe du Breguet XIV », m'explique son projet de reconstruire à l'identique cet appareil mythique. Il me raconte avec exaltation les grands moments des épopées de la Postale dont des anecdotes inédites que lui ont confiées les descendants des pilotes.

J'ai du mal à embrasser l'étendue de la beauté qui m'est offerte. L'œuvre d'Antoine de Saint-Exupéry résonne en moi d'une étrange façon : lorsque je suis tombée du ciel, j'ai découvert, à mon réveil, la solitude et l'absurdité de l'existence, un peu à la manière du Petit Prince quand il « tombe » sur Terre. Les valeurs des personnages de cette histoire telles l'amitié, la solidarité ou l'entraide ont été essentielles pour moi, pour ma rééducation, pour me reconstruire.

Chez lui, l'œuvre et la vie se confondent souvent et offrent une vision humaniste de ce que peut être notre passage sur terre. Ses mots sont de véritables principes de vie. Là encore, Saint-Exupéry vibre comme s'il était l'âme de cette aventure.

C'est dans l'entraide que le besoin de me sentir exister a pris sa source, le besoin d'accomplir des choses utiles... Une solide amitié va nous lier, Eugène et moi, et l'ambiance de franche camaraderie contribuer à nos excellents résultats : à l'arrivée, notre équipage se classe premier !

Encouragée par Eugène, je m'étais inscrite, quelques mois plus tôt, aux épreuves de sélection du Tour aérien des jeunes pilotes, une course difficile, réservée aux dix-huit/vingt-trois ans. La barre est haute, seuls les meilleurs seront retenus. Je travaille ma précision pendant des heures avec mon instructeur, mais je ne suis pas acceptée.

C'est une grosse déception. L'année suivante, je retente le coup et, cette fois, j'arrive cinquième des sélectionnés. J'apprends que jamais un pilote handicapé n'a été concurrent à cette course qui est une compétition et une fête magnifique.

Ce périple à travers la France, long de trois mille kilomètres, comporte dix étapes et mon carnet de vol s'enrichit des tampons des villes de Bordeaux, Pau, Rochefort, Aurillac, Bourg-en-Bresse, Montbéliard, Épernay, Luxembourg, Dieppe et Lille. À chaque décollage et atterrissage, soixante-dix avions quadrillent le ciel, sans compter ceux de la caravane qui assurent des représentations aux étapes. Chaque matin, nous courons du car à la salle de briefing, du briefing à l'avion et de l'avion à la salle de briefing. Dans nos combinaisons bleu clair, on dirait une nuée de petits insectes.

Après bien des péripéties, je suis classée trente et unième sur soixante-cinq. À Dieppe, j'arrive même troisième de l'étape. Les compétiteurs sont chaudement félicités. Nous savons que notre surentraînement fait de nous les meilleurs. D'ailleurs, la plupart des concurrents feront carrière dans l'aéronautique, ils deviendront plus tard pilotes de ligne, pilotes de chasse ou ingénieurs... Quand je les recroise aujourd'hui, tous vivent de leurs passions.

Au dîner d'ouverture à Bordeaux, Serge Dassault, le ministre des Transports, et un certain nombre de pointures de la DGAC (Direction générale de l'aviation civile) étaient présents. On m'a félicitée, on a évoqué mon histoire lors d'un discours. On a parlé de mon passé... mais rien concernant l'avenir.

Car, pour moi, l'aventure s'arrête là. J'aimerais devenir instructrice, un objectif modeste vers lequel Eugène m'encourage et se sent prêt à m'accompagner. Autant rester lucide, je ne piloterai jamais un gros porteur. Mais lorsque j'évoque mes projets professionnels, la réponse me revient comme une gifle : « Impossible, ce métier est interdit aux handicapés... »

Interdit... pas possible... Je n'écoute pas. Je suis persuadée qu'on peut trouver une solution. Je me sens chez moi dans cette assemblée où je rencontre des légendes vivantes de l'aviation et des modèles féminins, Pascale Alajouanine, Brigitte Revellin-Falcoz devenue l'une des toutes premières femmes pilotes de ligne grâce à une volonté farouche. « Nous sommes de la trempe des pionnières de l'aéronautique », me dit-elle le jour de notre rencontre. Elle s'est heurtée à bien des réticences et n'a pas oublié la réponse de la direction du personnel d'Air Inter lorsqu'elle a demandé à être embauchée par la compagnie après des mois de vols en aéro-club : pas question de confier à des femmes des machines aussi coûteuses que des avions de ligne. « Le machisme de la profession s'est éteint de lui-même et j'ai profité de l'évolution des mœurs. Mais, quand même, ce fut un sacré tour de force. »

Cette course très réputée étant censée réunir l'élite de l'aviation française et le niveau de compétence requis étant celui des professionnels, je me prends à rêver de devenir l'égale de ces jeunes pilotes qui lorgnent les postes les plus prestigieux. Leur fréquentation renforce ma flamme. À quoi bon m'avoir sauvé la vie pour qu'aujourd'hui on me ferme toutes les portes ?

Certains membres de la DGAC me regardent interdits, souriants mais désolés. D'autres, comme Maxime Coffin et Philippe Hoëppe, se rallient à ma cause. Ce dernier m'avertit : « La réglementation est ce qu'elle est », et, pour l'instant, personne ne peut la changer.

De loin, Gérard Feldzer, le président de l'Aéro-Club de France, a perçu ma colère. Gérard, c'est un vrai aventurier, fou d'expériences extrêmes et d'aéronefs. Il se rapproche de moi en souriant : « Ce qu'il faudrait, Dorine, pour être entendue, c'est que tu crées une commission de pilotes handicapés dont tu serais la porte-parole... »

Une commission ? Elle verra le jour en 1997. Au début, nous ne sommes pas nombreux et totalement désarmés quant aux moyens d'obtenir l'autorisation de voler en professionnel.

Une conférence réunissant des personnalités influentes du monde de l'aviation et la presse spécialisée est organisée à l'Aéro-Club de France. Je sais que Gérard me laissera exposer mon projet et parler de la nouvelle commission que nous venons de mettre en place. Après m'être présentée rapidement, je rappelle les différentes compétitions auxquelles j'ai participé, puis exprime mon souhait professionnel. À cet instant, un représentant des missions de l'aviation légère, grand contrôleur du ciel français, me coupe la parole d'un ton tranchant : « Oh ça suffit, on la connaît votre histoire, il est hors de question qu'un handicapé soit un jour pilote professionnel ! » Cette agressivité met un point final à mon exposé. Désemparée, je tourne la tête pour cacher mes larmes. Je suffoque, anéantie par l'humiliation. Un ami pilote me fait signe gentiment de ne pas insister et je regagne ma place, le nez dans mes chaussures.

Plus tard, au déjeuner de presse, je m'approche du directeur irascible et lui demande les raisons d'un refus si catégorique, mais il rejette tout dialogue. Pour lui, ce n'est ni l'heure ni l'endroit. « Il y a trop de raisons, ce serait trop long à vous expliquer, il faudrait revoir tous les statuts ! » me jette-t-il froidement. La discussion s'arrête là.

Meurtrie par cette fin de non-recevoir, je ne me laisse pas démotiver pour autant. À cette époque, j'ai aussi un peu la tête ailleurs... Et le cœur qui s'affole.

Au meeting Flying Legend de Lyon-Bron, j'ai fait la connaissance de celui qui va devenir mon premier compagnon de vie : Marc Coumans, pilote hollandais, mécano attitré de Franklin Devaux. Marc est un Viking, un géant blond que mon sourire a accroché et qui n'aime rien de moins que me soulever comme une plume pour m'installer à l'intérieur des avions.

À la fin de cette jolie journée où nous ne nous sommes pas quittés, je lui donne un vrai baiser de cinéma dans le cockpit d'un B-25 Mitchell, un super-bombardier de la guerre 39-45. Mon père qui m'a accompagnée au meeting me cherche partout – « Dorine ! Tu es passée où ? Il faut qu'on rentre ! » – jusqu'au moment où il aperçoit mon fauteuil roulant au pied de l'avion ! Et il m'entend rire, rire...

J'ai vingt et un ans et je suis amoureuse. Marc et moi nous installons chez lui, à Dijon. Mordu d'aviation, mon Hollandais volant court les meetings, et je l'accompagne partout. Ensemble, nous volons sur des avions de collection comme le P-51 Mustang, je l'assiste lorsqu'il travaille sur des avions de légende, dont le célèbre Catalina *Princesse des étoiles*, l'aéronef de Nicolas Hulot dans son émission *Opération Okavango*. Et, *last but not least*, je monte dans un canadair ! Un privilège exceptionnel, un moment inoubliable et qui résonne d'une manière particulière en moi.

Au meeting de Rennes, Marc et moi nous promenons sur le tarmac lorsque nos pas nous mènent au pied d'un Pélican rutilant, jaune et rouge. Il est magnifique. Deux pilotes discutent près de l'avion. C'est bientôt l'heure de leur présentation en vol. L'un d'eux me reconnaît et m'apostrophe :

— Hé, Dorine... tu veux faire un tour ?

Éberluée, je regarde le pilote. Ce qu'il me propose là est rigoureusement interdit.

— Vous êtes sérieux ?

— Absolument ! Après tout, si tu t'es crashée il y a sept ans, c'est parce que tu venais nous rendre visite. On te doit bien ça... Allez, monte !

Marc ne se le fait pas répéter deux fois. De toute façon, il connaît ma réponse. Il me saisit sous les bras et me propulse vers le cockpit. Je me glisse à l'arrière, sur le siège étroit réservé habituellement au mécanicien navigant. Les deux pilotes s'installent à l'avant tandis que Marc court cacher mon fauteuil roulant. Du sol, il m'envoie un baiser, il sait la joie qui est la mienne.

Le temps que je réalise le miracle qui est en train de se produire, le canadair met les gaz. C'est un navire qui s'envole, une masse énorme qui s'arrache du sol et monte doucement vers le ciel. L'avion accomplit un passage rapide au-dessus du terrain, puis largue son eau sur le bord de la piste. L'impression de légèreté qu'on ressent à ce moment-là est unique. Je n'arrête pas de sourire, je suis si heureuse.

Lorsque nous revenons au point de départ, vingt minutes plus tard, j'ai des larmes de joie dans les yeux. Au-delà du plaisir, ce cadeau inattendu est un vrai pied de nez au destin ! Avec sept ans de retard, je suis venue au rendez-vous !

Le couple que je forme avec Marc depuis deux ans se porterait à merveille s'il n'était pas une telle tête brûlée en avion ! C'est un excellent pilote mais trop sûr de lui. Il prend des risques inconsidérés, et s'amuse à exécuter des figures avec mon petit Rallye 100 CV alors que je hurle de peur à ses côtés. J'ai beau le lui dire, il n'entend rien. Et je sens que tout cela finira mal. C'est notre principal sujet de dispute et je préfère le quitter avant de revivre un drame. Le mien m'a suffi.

Ayant sympathisé avec les membres de l'aéro-club Paul-Louis-Weiller des Mureaux près de Paris, je décide de m'installer dans la capitale. Même si je n'ai pas l'ambition d'un Rastignac, j'ai bien l'intention de motiver ma commission pour obtenir que valides et handicapés puissent conquérir le ciel à armes égales ! La question ne sensibilisait pas grand monde, jusqu'à ce que je réunisse autour de nous un groupe de pilotes déterminés, et qu'ensemble nous décidions de faire changer les choses. Six années passeront avant que nous n'obtenions satisfaction.

Me séparer de Marc fut une épreuve, il m'en a beaucoup voulu de monter à Paris sans lui. Mais la situation n'était plus tenable, il était devenu sourd à tout conseil de prudence et je vivais dans l'angoisse de la catastrophe. En 2005, presque dix ans après notre séparation, son avion s'est écrasé en mer alors qu'il intervenait pour éteindre un incendie sur un terrain de camping...

Mes victoires

En juillet 1999, je m'envole vers la Californie à la rencontre de Mike Smith, un vétéran du Vietnam que la guerre a privé de ses jambes et qui continue d'exercer son métier d'instructeur. L'émission *Des Racines et des Ailes* m'accompagne, très intéressée par mon combat pour l'accessibilité des handicapés à des postes de pilotes professionnels. En cela, Mike est un exemple fort. Il œuvre également à la surveillance de feux de forêt et au transport de fret. Je vais voler à ses côtés, et il m'apprendra mieux qu'un valide à poser un avion de nuit sur un terrain noyé dans les lumières de Los Angeles.

Aux États-Unis, la loi permet aux accidentés de la vie comme Mike d'être pilote, à la condition expresse qu'ils aient obtenu leur brevet professionnel *avant* leur handicap. On les autorise à revalider leur licence, même si Mike me confie « avoir été testé plus sévèrement que les autres... ». Pour la France, nous sommes plus ambitieux : nous demandons l'accès aux métiers de l'aviation, valides et handicapés, qu'on soit tous égaux dans le ciel. En attendant de l'être un jour sur le bitume... J'ai vu, en circulant dans les rues de San Francisco, ce qu'est une ville qui adapte ses structures aux invalides et combien le handicap au quotidien peut s'alléger quand il est accepté par tous.

À mon retour, une table ronde est organisée à l'Aéro-Club de France pour réfléchir à la question, mais les personnes présentes campent toujours sur leurs positions : jamais on ne nous autorisera à devenir professionnels. De loin, Philippe Hoëppe me fait un clin d'œil : « Ne t'inquiète pas, ça sera long, mais on y arrivera... »

Une autre aventure m'attend, l'écriture d'un livre qui me permet de recentrer mes objectifs et de sensibiliser les médias à notre cause. C'est une période où je croise beaucoup de journalistes et de vedettes de la télévision. Un tourbillon assez grisant où je noue quelques belles amitiés. Le temps d'une interview pour certains, plus pour d'autres.

Lors d'une émission de radio, je rencontre l'animateur Benjamin Castaldi, passionné d'aviation, qui connaît très bien le sujet : « J'arrive à poser le Concorde sur simulateur ! » me confie-t-il en souriant. Et il tient absolument à ce que je l'emmène voler sur mon Rallye.

Trois semaines plus tard, il vient à l'aéro-club accompagné de Flavie, sa femme, et de leurs deux enfants. Sur place, c'est la fête, tout le monde les salue, discute avec eux. On rit, on plaisante. Ce sera une belle journée.

Une belle journée, oui, excepté le fait que, depuis le matin, je me sens un peu fébrile. J'ai beau me raisonner, emmener voler avec moi cette personnalité m'impressionne.

Ce stress s'accentue lorsque l'animateur monte dans l'avion à mes côtés. J'essaie d'avoir l'air détendue, me concentre comme jamais sur mon pilotage, mais une voix insidieuse me perturbe : et si le moteur s'arrêtait? Et si on tombait en panne? Je me reprends, je m'applique, je lutte contre mon trouble et je souris, je souris. Tout va bien, Benjamin, j'assure!

Sauf que sur les malonniers, mes mains tremblent un peu. Et j'ai l'impression qu'il le voit. J'écourterais volontiers le vol, mais je ne veux pas perdre la face. Je m'accroche et je fais un peu la conversation. Après une vingtaine de minutes, notre avion se pose sur la piste. Tout s'est bien passé.

Je ne saurai jamais si Benjamin Castaldi a senti ma nervosité. Il n'a rien dit. Lorsque je lui ai présenté mon carnet de vol pour qu'il y appose sa signature, il s'est exécuté, m'a remerciée rapidement et a filé avec sa famille.

Quelques jours plus tôt, Benjamin avait parlé de moi à Michel Drucker. Michel Drucker! L'animateur a accompagné toute mon enfance, s'invitant chaque semaine dans notre salon. Comme beaucoup de téléspectateurs, j'ai l'impression de bien le connaître, mais lorsqu'il me parle, je retrouve ma timidité de petite fille!

Touché par mon aventure et ma passion, il me convie à plusieurs reprises sur le plateau de ses émissions, il m'offre une leçon de pilotage en hélicoptère, me fait faire une grande balade au-dessus de Paris, il me convie à Toulouse pour la présentation de l'Airbus A380, puis, à Toulon, sur le porte-avions *Charles de Gaulle.* Et il m'offre le plus beau cadeau qui soit : un baptême en Alpha Jet avec la Patrouille de France !

Je l'ai beaucoup remercié de toutes ces attentions et de son amitié fidèle qui s'est inscrite dans le temps. Et je veux encore le redire ici, parce que le vol avec la Patrouille de France reste l'une des plus grandes émotions de ma vie.

Le 8 juillet 2002, je m'envole vers Salon-de-Provence. Pour l'occasion, un avion rempli de journalistes et de photographes a été affrété au départ de Villacoublay. Patrick Dutartre, un ancien leader de la Patrouille de France, a fait son possible pour que ce jour soit inoubliable. À Salon, Michel est déjà aux côtés des pilotes qui m'accueillent et m'entourent : je porte une magnifique combinaison de vol taillée sur mesure, avec un écusson à mon nom. Et David Douillet, le parrain de la PAF est venu pour me porter du sol au cockpit. Mes petits quarante-cinq kilos, il les soulève d'un bras !

« Mon » pilote s'appelle Olivier Boulay. Sa poigne est solide, son sourire généreux. Tout en lui respire la force, l'assurance, le sérieux... et tant mieux, parce que j'ai un peu le trac en m'installant à l'arrière de l'avion. D'autant que l'intégralité du vol sera filmée. Pourvu que je ne m'évanouisse pas comme Nicolas Hulot qui m'a conté sa mésaventure. Il faut dire que pour son baptême sur l'Alpha Jet Patrick Dutartre, qui pilotait, ne l'avait pas épargné !

En ce qui me concerne, mon pilote qui tient la place du « charognard », juste derrière le leader, y est allé en douceur en évitant les accélérations brutales. J'ai revêtu une combinaison « anti-G » qui limite les effets des poussées et dans laquelle je « nage ». « Contracte bien tes abdos... », m'a conseillé Olivier, mais, malgré tout, au décollage, mon corps s'écrase contre le siège comme s'il pesait des tonnes. En quelques secondes, les huit avions ont quitté la terre en patrouille, à quelques mètres les uns des autres. C'est très impressionnant.

Le vol a duré plus d'une heure, et nous avons survolé Cassis et ses environs. Plaquée contre le siège par mes sangles, casquée, le visage sous un masque à oxygène, j'ondule sur des filets d'air, avec un sentiment de majesté jamais ressenti auparavant. C'est grandiose. J'ai le temps d'admirer la rigueur, la dextérité, la maîtrise absolue des sept pilotes qui nous entourent. Je regarde à droite, à gauche, partout, je suis au cœur d'une aventure qui m'étourdit, heureuse comme jamais je ne l'ai été dans ce ciel qui m'a fait revivre. Olivier me demande si je veux prendre le manche quelques minutes, ce qui me ravit. Pour finir en beauté, les avions effectuent un tonneau barriqué, une grande boucle dans le ciel et, au moment de l'atterrissage, un *break* inattendu qui me secoue comme un prunier !

Lorsqu'on me descend de l'Alpha Jet, un journaliste me tend un micro, mais les mots me manquent, je ris, je suis ivre d'émotions. Je remercie, j'embrasse mes héros, et Michel Drucker, bien sûr. Je suis tellement heureuse, tellement...

De nature sensible, je vis intensément l'instant présent et chaque joie infiniment. Ce fut le cas pour le vol avec la Patrouille de France parce qu'en m'invitant à ses côtés, elle a réalisé l'un de mes plus beaux rêves. En remerciement, je n'ai pu trouver mieux que de leur écrire un poème...

À peine atterrie, je dois enchaîner avec un autre rendez-vous tout aussi important : Luc Adrien, un pilote de ligne qui souhaite trouver des débouchés professionnels aux personnes handicapées dans le milieu de l'aéronautique, est venu avec un Cessna piloté par Guy Mitaux-Maurouard, le pilote d'essai du Rafale dans les années 1980. (« Alors, il vole bien, mon avion ? » lui lançait Serge Dassault chaque fois que les deux hommes se croisaient !) Guy s'est beaucoup investi dans le perfectionnement des malonniers, allant jusqu'à faire travailler bénévolement une petite équipe d'ingénieurs sur des commandes manuelles électriques, et acheter un appareil pour pouvoir l'équiper dès qu'elles seraient au point.

Sur la même piste et en quelques secondes, je passe donc d'un Alpha Jet à un petit avion de tourisme. Le grand écart absolu ! Il faut nous dépêcher : à Cahors, le colonel Bernard Tachet des Combes nous attend pour une mission aérienne de surveillance de feux de forêt.

Les enjeux sont capitaux pour moi et ma communauté. Après toutes ces années, on vient nous chercher pour prouver de quoi nous sommes capables. Je n'y croyais plus ! Le traumatisme avait fini par se cristalliser à force de me heurter à des résistances, à des refus. Là, enfin, on me donne ma chance.

Avec les pompiers, je ratisse la région, deux fois par jour, aux heures les plus chaudes, afin de signaler le moindre départ de flamme. Un vrai travail d'équipe en alternance avec Alexandre, un autre pilote paraplégique encore plus expérimenté. L'ambiance est joyeuse et notre binôme très chouchouté. Les jours de pause, nos amis pompiers nous emmènent visiter leur belle région qu'ils aiment tant. J'entends cet amour du pays dans leur accent chantant.

Cette expérimentation n'aurait jamais vu le jour si, un an plus tôt, je n'avais pas croisé Roselyne Duchesne-Levesque au Salon Autonomic, le Salon du handicap. Je partageais un stand avec les pilotes de l'association des Mirauds volants, lorsqu'elle s'approcha de moi, intriguée par les prospectus étalés sur la table :

— Vous êtes pilote, vous aussi ?

— Oui, depuis presque dix ans !

Roselyne travaille pour la mission Handicap du groupe Thales, un des leaders mondiaux des zooms et caméras de haute technologie.

Les caméras du cinéma hollywoodien, ce sont eux ! Celles qui filment la Coupe du monde de football, aussi ! Et, me raconte-t-elle, elle voudrait soutenir un projet professionnel qui réponde à des besoins concrets. Lorsque je lui cite l'exemple de Mike Smith, elle réagit immédiatement.

— Pourquoi ne pas s'appuyer sur notre savoir-faire pour prouver que des pilotes comme vous peuvent accéder aux métiers de l'aérien ?

Il suffisait de demander, chère Roselyne ! Je l'ai rapprochée de Luc Adrien et Thales a développé un système très sophistiqué de caméra infrarouge embarquée qui, plus tard, est allé équiper le Cessna de Guy Mitaux-Maurouard.

J'ai achevé ma mission dans le Lot-et-Garonne. Elle fut éprouvante mais exemplaire. Cette action était bénévole, cependant, de ce jour, nous avons apporté la preuve que n'importe quel poste de travail peut être aménagé, que des hommes et des femmes paraplégiques sont capables d'assumer à 100 % des tâches professionnelles complexes... alors qu'on leur refuse encore l'entrée d'une boulangerie...

De retour à Paris, Laurent Bignolas m'invite dans son émission *Faut pas rêver.* Cet aventurier dans l'âme est, lui aussi, passionné d'aviation et tient à m'interviewer en vol. Nous nous retrouvons donc à l'aéro-club des Mureaux. Il pleut depuis le début de la semaine, mais dans l'espoir d'une éclaircie, la production n'a pas voulu décaler le rendez-vous. Ce samedi-là, pourtant, le ciel reste plombé et il fait très froid. Parti en repérage, Guillaume nous confirme qu'au-dessus de la couche grise des stratus, le ciel est clair. C'est donc là-haut que nous ferons l'interview.

Laurent Bignolas et le cameraman s'installent dans mon avion. Mon petit Rallye est bien lourd avec nous trois et le matériel d'enregistrement. Sur le terrain gorgé d'eau, je risque de peiner au décollage. « Ne fais pas les pleins d'essence... », me conseille Guillaume. Je prévois donc une heure trente de carburant avec, comme toujours, une marge de sécurité de vingt minutes. L'interview n'excédant pas une demi-heure, ce sera largement suffisant.

Afin de me concentrer sur l'entretien sans avoir trop à me soucier de la navigation dans le ciel, Guillaume me propose de voler devant. Je me contenterai de le suivre jusqu'à ce qu'il nous ramène au terrain pour l'atterrissage. Ainsi, notre sécurité sera assurée. Top là, c'est parti !

Les vérifications préalables au vol terminées, je m'aligne sur la piste. Puissance affichée, je roule, je roule, mais sur le cadran du badin, l'aiguille a du mal à monter. Le terrain trempé m'empêche d'atteindre la vitesse de rotation. Le bout de la piste approchant, j'espère me libérer de cette boue qui nous ralentit et, dans un ultime effort, je tiiiiire le manche vers moi et parviens à arracher l'avion du sol ! Arracher, c'est le mot, il pèse une tonne et s'élève très lentement. Comme un paquebot dans le ciel.

La cime des arbres n'était pas loin ! Je n'aime pas ça, mais devant mes hôtes, j'exprime l'impassibilité du bouddha. Guillaume dont l'avion est plus léger et plus puissant que le mien a déjà pris de la distance. C'est un point minuscule à l'horizon. Ma visibilité est extrêmement réduite, à peine deux ou trois kilomètres. En dessous, la terre a presque disparu, avalée par les nuages.

Le vol se poursuit. Par radio, j'appelle mon ami pour qu'il ralentisse et, en attendant, je me concentre sur l'« horizon artificiel », un cadran gyroscopique qui me donne la position de l'avion dans l'espace. Je vole ainsi durant quelques minutes lorsque, brusquement, bing ! l'instrument tombe en panne ! Les battements de mon cœur s'accélèrent, je respire un grand coup et lève la tête vers le soleil, ma bonne étoile ! Pour me repérer, c'est le dernier recours : en maintenant une position fixe par rapport à lui, je peux savoir avec la bille-aiguille[1] si mes ailes sont bien à plat et si je ne vire pas. Mes yeux oscillent entre l'astre lumineux et l'instrument, une situation extrêmement éprouvante.

À côté de moi, le journaliste et le cameraman discutent et plaisantent. Laurent Bignolas a beaucoup d'humour et, malgré moi, je souris. Ils attendent que je prenne de la hauteur pour commencer l'interview.

Vite, je préviens Guillaume : « Reviens vers nous ! Mon horizon artificiel vient de me faire

1. Indicateur de virages.

faux bond ! Ne me lâche pas ! » Quelques secondes plus tard, son avion apparaît à ma droite. Rassurée, je monte à ses côtés vers le ciel bleu, jusqu'à atteindre trois mille cinq cents pieds. « C'est bon, Dorine ? On peut faire l'interview ? » me lance gaiement le journaliste. Allons-y. Je suis prête.

Au-dessus des nuages, c'est le plein été. Nous parlons longuement, le temps file, file, et ça m'obsède. Je voudrais ne jamais quitter ce bleu de paradis. Le journaliste et le cameraman ont l'air contents. Moi, je guette l'aiguille de la jauge d'essence qui descend inexorablement. J'appelle mon ami qui me précède :

— Guillaume, tu m'entends ? Bon, l'interview est finie. On va rentrer maintenant. Où sommes-nous exactement ? (Lui a un GPS.)

— Au nord de Chartres...

Chartres ! Le vent nous a poussés plus loin que prévu, et je ne pensais pas m'être à ce point éloignée des Mureaux ! Effectivement, il faut vite rentrer.

— Guillaume ? Et tu estimes le retour à combien de temps ?

— À peine vingt minutes...

Je fais un calcul rapide : dans une demi-heure, il me restera environ vingt minutes de carburant. Ça va, mais on ne doit plus traîner. Le vent semblant plus fort en altitude, nous repassons dans la brume pour ne pas être ralentis. Je suis Guillaume, mais un vent puissant nous fait face. Et l'aiguille de la jauge continue de baisser.

Le retour me paraît très long. Quand, soudain, Guillaume me laisse la priorité, la piste des Mureaux apparaît.

Laurent Bignolas est ravi de la balade. Et moi, d'avoir gardé mon calme même si la situation n'était pas des plus confortables. Quand j'ai vu le film du reportage, rien n'apparaissait que mon bonheur de piloter, et ça m'a fait plaisir.

D'autres interviews suivront, et d'autres reportages. À l'époque, je suis très timide et il arrive que la médiatisation dont je suis l'objet me déstabilise. Parfois, j'ai l'impression de répondre à des questions trop personnelles qui n'élèvent pas la cause que je défends. Je crains que cette exposition finisse par la desservir. Est-ce que je délivre toujours les bons messages ? Perfectionniste, je vois surtout mes manques et mes faiblesses. Sans maîtriser totalement l'exercice, je constaterai qu'il porte ses fruits et que ces éclairages sont un atout pour les combats que je mène.

Des combats, des projets, on en a plein la tête avec mes copains, des sérieux et de plus ludiques, comme celui de créer une patrouille constituée uniquement de pilotes handicapés. Guillaume et Alexandre, mes deux amis paraplégiques s'exercent déjà au vol en patrouille. Je les rejoins avec enthousiasme et nous entraînons Claude et Philippe avec nous. Jacques Bothelin, le leader de la prestigieuse Breitling Jet Team, nous introduit dans le milieu très fermé des meetings et nous permet d'être sponsorisés par la célèbre marque de montre. Lors d'un dîner, nous nous baptisons « patrouille Bleu ciel », pour symboliser au mieux l'espace dans lequel on évolue. Alexandre nous a inventé de charmants noms de patrouilleurs : lui, c'est « Panpan », Guillaume « Le Sir », Claude « Corto », Philippe « Rabbit » et moi, « Mermozette », comme toujours.

Je deviens donc le leader de cinq hommes et de trois avions. Je ne suis pas la plus expérimentée, mais mon statut de femme pilote m'offre parfois quelques privilèges ! À l'arrière de l'avion, quand Guillaume charge nos fauteuils pour les convoyages, les rayons des grandes et petites roues s'emmêlent. Un véritable casse-tête à détricoter ensuite. « Le trimbalage de mongols comme nous est souvent générateur de souk... », aime-t-il dire avec humour.

Les dimanches qui précèdent la saison des meetings, nous nous retrouvons sur l'aérodrome des Mureaux pour un entraînement. Et quand il pleut, on révise la théorie. Guillaume et moi arrivons vers 7 heures. Quand les autres nous rejoignent, nous déchiffrons ensemble les codes de la prévision météo du jour. Je ris chaque fois, lorsque, ensemble, nous nous dressons sur nos fauteuils et que nous tendons le cou pour inspecter le ciel, à la manière de suricates curieux !

La première difficulté consiste à sortir les avions du hangar. Claude pousse les immenses portes métalliques et, à l'aide d'un petit tracteur de jardin, tire les trois appareils sur l'aire de stationnement.

Au briefing, j'attribue les avions, forme les équipages, décris les exercices que nous allons effectuer. Je rappelle les règles de sécurité en cas de panne, les zones à traverser, les fréquences à afficher, la gestion du carburant... Le vol serré exige une rigueur extrême. Devenir leader d'une patrouille aérienne a été un véritable défi et une expérience qui me servira toute ma vie.

Ce matin-là, la météo est « CAVOK[1] » mais elle va se dégrader dans la journée. Des orages se développent à l'ouest de la France et menacent d'atteindre notre secteur en milieu d'après-midi. Nous avons du temps devant nous, mais il faut prévoir un retour aux Mureaux pour 16 h 30. Le vol de transit, du petit aérodrome jusqu'au lieu de notre entraînement près de Chartres, permet à mes ailiers de prendre leurs repères en vol. Déjà, je note qu'un vent de travers va nous déporter à l'est de notre axe.

Pierre Delpuech, un ami marin, est venu assister à notre exhibition. D'avance, je sais qu'en vieux briscard des mers, il surveillera le ciel autant pour nos évolutions que pour la météo...

À 11 heures, check-list et essais moteurs. Nos trois avions s'alignent sur la piste gazonnée et décollent à cinq secondes d'intervalle, moi en tête. Notre chorégraphie débute à cent cinquante mètres du sol. Formation VIC (en « V »), puis passage en échelon, les uns derrière les autres, ailes à plat. Chaque ailier se repérant à un point

1. *Ceiling and visibility OK.*

précis de mon avion pour maintenir toujours la même distance entre eux et moi.

Je retiens mon souffle. L'émotion se mêle à la concentration que nécessite la précision des mouvements avec, pour finir, le plaisir de contrôler ses figures, des passages fluides tels qu'on les aime dans un espace maîtrisé.

Quarante-cinq minutes plus tard, nous nous posons. Avec Pierre qui ne nous a pas quittés des yeux, nous improvisons un pique-nique sur l'herbe et débriefons les vols. Depuis le matin, la chaleur est montée. Curieusement, Pierre continue à scruter l'horizon :

— Naissance d'une couleur localisée grisâtre à gauche de la maison..., murmure-t-il, sans qu'on n'y prête vraiment attention, trop occupés que nous sommes à commenter nos prestations.

Rabbit n'a pas encore volé. Il se dépêche de finir son déjeuner pour prendre mon avion et se positionner en ailier tandis que Claude devient leader. Moi, je m'allonge tranquillement sur le sol. Je vais pouvoir admirer le spectacle et me détendre. Il fait terriblement lourd et cette chaleur m'incommode.

Les acrobates redécollent. Nuque dans l'herbe, lunettes de soleil sur le nez, je les regarde. C'est splendide. Dans trois semaines, nous sommes invités au meeting de La Ferté-Alais, je n'ai aucune inquiétude : nous seront prêts. Je demande en montrant les avions qui ondulent dans le ciel :

— Alors, Pierre, tu en penses quoi ?

— Pas bon, répond-il, laconique.

Je tourne la tête, intriguée. Lui, ce n'est pas la patrouille qu'il regarde mais le fond de l'horizon qui s'est bien assombri depuis quelques minutes.

— Rappelle tes ouailles, c'est pas bon, répète-t-il sans sourire.

— Mais, Pierre, ils viennent à peine de décoller ! Arrête de me stresser !

Il a décidé de me gâcher la journée ou quoi? J'ai confiance en mes pilotes. Ils voient le ciel mieux que nous. De toute façon, du sol, je n'ai aucun moyen de les contacter.

À 14 heures, les trois avions atterrissent. Le ciel est devenu gris orangé, il n'y a plus un souffle de vent. « Ça y est, nous sommes dans l'œil du cyclone », marmonne Pierre en tirant nerveusement sur sa cigarette. Effectivement, l'orage nous guette et il va être violent. Pierre semble furieux : il attrape sa veste et se prépare à rentrer à pied !

Nous n'avons que quelques minutes pour enfourner nos fauteuils dans les zincs et redécoller vite fait, les uns après les autres. Les premières gouttes tombent, énormes, et s'accélèrent. Lorsque mes roues quittent le sol, un vent de travers me fait dévier, je m'arc-boute au manche pour tenir le cap. Pauvre Guillaume qui a décollé le dernier, à présent, il doit manœuvrer sous des trombes d'eau !

Le voyage jusqu'aux Mureaux se déroule dans les turbulences, nous sommes comme des insectes fragiles dans un tourbillon Un silence irréel règne dans la cabine, je m'accroche ! Mes jambes endormies se remplissent de fourmillements que j'apaise à l'aide de profondes respirations. Je maintiens ainsi mon calme pour me concentrer sur l'approche de Paris.

Alexandre et moi avons atterri, échappant à la tempête, mais Guillaume manque à l'appel. Les secondes passent et je commence à m'inquiéter. Dix minutes plus tard, un petit point apparaît au bout de la piste. C'est lui ! Il a dû se faire secouer, mais je le connais, c'est un chevalier, il ne montrera rien de ses émotions.

Une pluie diluvienne se déverse tout à coup sur l'aérodrome et nous nous abritons sous le hangar de tôles, riant devant ce déluge spectaculaire, avant de reprendre les voitures pour Paris.

Sur le chemin du retour, Pierre ne prononce pas un mot. Moi qui l'avais invité pour lui faire plaisir, c'est loupé ! Je crois qu'il a eu peur pour nous. Comment lui expliquer qu'en aviation comme en mer, on se confronte parfois à des situations inconfortables, et que le sang-froid est primordial chez un pilote. Ce jour-là, quelle que soit notre expérience, nous avons tous vaincu nos appréhensions.

Chacun d'entre nous s'est beaucoup investi dans la patrouille Bleu ciel, dans tous les sens du terme, car elle avait forcément un coût. Pourtant, notre belle histoire a pris fin. Les avions prêtés par l'aéro-club, un Aiglon, un Rallye et un Robin DR 400 n'affichent pas les mêmes paramètres, ils ont une puissance, un gabarit et un comportement différents les uns des autres. Gérer leurs particularités est un vrai casse-tête. C'est un ajustage de chaque seconde. Quand l'un va trop vite, il doit ralentir pour s'harmoniser au deuxième qui risque, à ce moment-là, de faire décrocher le troisième. Pour progresser dans nos figures, il nous aurait fallu trois appareils identiques. Le meeting de Roanne sera particulièrement chaleureux, mais le dernier pour les Bleu ciel. « On a réussi ! » a crié quelqu'un dans le public. C'était mon père. Pourtant, après deux ans d'existence, nous devons arrêter. Restent le souvenir de grandes et belles émotions et le sentiment que nous formions une équipe soudée par l'enthousiasme et la passion. Une vraie patrouille.

Il aura fallu six ans pour que le ministère des Transports accorde aux handicapés le droit de devenir pilotes professionnels. Six ans de haute lutte, entre le moment où j'ai créé ma commission à l'Aéro-Club de France, et celui où l'arrêté ministériel a été signé. À partir de 2002, tout s'est accéléré. Et, là encore, la providence s'est invitée au combat.

En septembre de cette année, je suis conviée à une brocante sur le terrain des Mureaux pour signer mon livre *La Couleur préférée de ma mère*[1]. Un homme s'approche de la petite table posée sur l'herbe, où j'attends les visiteurs. « Philippe Gagne, je suis pilote, moi aussi... », dit-il en me tendant la main. Il n'avait pas prévu de venir aux Mureaux, mais le mauvais temps l'a obligé à atter-

1. Robert Laffont, 2002.

rir sur notre aérodrome. Il m'a vue dans l'émission de Michel Drucker, et il aimerait que je lui dédicace mon ouvrage.

Nous parlons un peu, il s'éloigne en feuilletant mon livre, puis il s'arrête et revient vers moi.

— Au fait, Dorine... vous en êtes où, de vos démarches pour l'accès des handicapés au pilotage professionnel ?

— Oh... c'est compliqué. Ça va prendre du temps, j'ai l'impression..., dis-je d'une voix un peu lasse.

Lasse, je le suis depuis quelques mois. Les choses piétinent. Je ne trouve pas assez d'appuis et la DGAC campe sur ses positions. Mais, forte de mes missions de surveillance de feux de forêt, je compte bien relancer le dossier. Philippe Gagne m'écoute, pensif.

— D'accord. Bon, alors... il faut que je vous dise que Dominique Bussereau, le secrétaire d'État aux Transports, est mon beau-frère. Je vais lui en parler. Il a un cœur grand comme ça, et s'il peut vous aider, il le fera...

Je n'en reviens pas. Dès mon retour à Paris, je contacte ma fidèle amie Brigitte Revellin-Falcoz, afin de « bétonner » notre dossier. Elle y croit encore plus que moi – « Derrière chaque refus peut se dissimuler un "oui, peut-être" », dit-elle souvent –, et pour cause : Brigitte a appartenu au premier équipage français, 100 % féminin, volant sur un Mercure pour Air Inter. C'était en 1982, l'année où je montais pour la première fois dans un avion, avec mon père. Elle a dû en enfoncer, des portes, pour se faire admettre comme femme pilote de ligne dans ce monde exclusivement masculin...

Une autre fée va se pencher sur nos fauteuils : Olimpia Weiller. C'est une vraie princesse qui vit dans un château, à Rome. Elle a financé nos heures de vol et soutient l'aéro-club des Mureaux qui porte le nom de son beau-père.

Je sais que notre demande va bousculer les esprits et qu'il n'y a aucun précédent en Europe ni même dans le monde pour des pilotes *ab initio.* Mais 2003 est l'Année européenne des personnes handicapées. Pour nous, ce sera cette année ou jamais !

Nous n'en menons pas large le jour où Dominique Bussereau nous reçoit, Brigitte et moi, au ministère. L'entretien n'est pas long, mais le secrétaire d'État nous écoute avec beaucoup d'attention et je sens qu'il est convaincu du bien-fondé de notre démarche. « OK, je vais donner les directives pour que ce dossier soit traité rapidement », déclare-t-il en nous raccompagnant.

Le ministre a fait redescendre notre dossier jusqu'à Michel Wackenheim, directeur général de la DGAC. À nouveau, des obstacles se dressent : les Faucons et les Colombes s'affrontent depuis longtemps pour l'accès des handicapés aux métiers de l'aviation, les premiers étant farouchement contre. Certains même se déchaînent, en font une affaire personnelle : « Moi vivant, jamais ! C'est hors de question ! » Des handicapés dans un avion, oui, mais pour la balade, pour faire « un petit tour », et toujours accompagnés, chaperonnés, surveillés. Quant au Syndicat national des pilotes de ligne, la majorité s'oppose avec vigueur à cette réglementation.

Ne voulant pas contrarier son état-major, Wackenheim déclare qu'il ne peut rien faire. Et le dossier s'enlise doucement.

Même si je peux paraître agaçante à tenter de soulever des montagnes pour ceux qui restent assis, au fond, je suis toujours quelqu'un d'assez timide. Lors de nos réunions avec les pontes de la DGAC, Guillaume m'accompagne, c'est lui qui prend la parole, il trouve mieux les formules qui captent l'attention, le ton pour convaincre. Parler à des politiques, des hauts fonctionnaires, je ne sais pas. Mais je l'encourage de mon sourire. Claude Maltese, président de l'aéro-club Paul-Louis-Weiller, est là aussi et apporte sa caution.

Parallèlement, Guillaume travaille avec Michel Barry sur les commandes manuelles de pilotage pour qu'elles soient inattaquables au niveau de la sécurité. De pilote bénévole à pilote rémunéré, il n'y a qu'un pas, un geste, une signature et encore beaucoup de travail. Nous devons être irréprochables.

Nous ne lâchons rien, mais, du côté de l'administration, les choses stagnent toujours.

À l'inauguration du Salon du Bourget 2003, Brigitte rencontre le président Chirac et elle évoque le sujet. Lui aussi soutient notre projet et il s'engage à suivre le dossier de près pour qu'il aboutisse. Le temps file, nous sommes déjà au mois de juin. Dans six mois, l'Année des handicapés va s'achever et Dominique Bussereau peut-être changer de poste. Cette fois, il faut accélérer le processus.

Brigitte le revoit pour évoquer la situation. Parallèlement, elle s'invite à une réunion du personnel navigant, où elle demande la parole : « Si vous pensez que des hordes d'handicapés vont envahir les écoles de pilotage, vous vous trompez, dit-elle. En revanche, imaginez que demain vous vous retrouviez en fauteuil roulant après un accident de ski ou de voiture, et que vous perdiez votre aptitude médicale. Grâce à cet arrêté, vous pourrez continuer de voler. Sinon, vous ferez partie des retraités de l'aviation civile. Alors, réfléchissez car votre décision est capitale. »

Le nom et la personnalité de Brigitte sont très respectés dans le monde de l'aéronautique. Là, sa détermination, son à-propos font mouche. En quelques mots bien sentis, elle parvient à convaincre les plus récalcitrants. Après une nouvelle concertation, les organisations professionnelles votent « oui » à la majorité.

Suite à son entretien avec Brigitte, Dominique Bussereau exige que le projet de texte soit sur son bureau avant la fin de l'année. Plus que deux mois. Wackenheim s'exécute. Il sait qu'en ouvrant la porte aux handicapés, il fait œuvre d'équité.

La date du 23 novembre 2003 est à inscrire dans le marbre : Guillaume et moi sommes conviés au secrétariat d'État aux Transports, rue du Bac, pour la signature de l'arrêté ministériel.

Toute ma vie, je me souviendrai du ton chaleureux avec lequel Dominique Bussereau a relu le texte, acquiesçant à chaque paragraphe, de son ouverture d'esprit, de cette joie qui nous a envahis, de cette fierté partagée. Il y a eu des sourires, des accolades. Un moment irréel où apposer une signature sur un document qui allait bouleverser des vies paraissait si simple !

Brigitte n'était pas présente ce jour-là. Discrète, elle s'est éclipsée pour que les représentants du projet soient tous paraplégiques. Mais je sais ce que nous devons à sa pugnacité. Brigitte, merci du fond du cœur.

Ce n'était pas gagné, loin s'en faut. Si notre combat a abouti, c'est qu'il a d'abord été porté par deux femmes. Jamais on ne nous aurait écoutées de cette façon, si nous avions été des hommes. Jamais nous n'aurions convaincu messieurs les décideurs.

Cette victoire me renvoie à une anecdote que m'avait rapportée Anne Voileau. En 1991, elle avait lancé le magazine *Être*, le tout premier journal en couleurs dédié au handicap. Jusque-là, les handicapés étaient toujours montrés en noir et blanc. On posait un voile gris sur eux pour ne pas les voir.

Dans les kiosques, Anne avait constaté que le journal était placé à côté des magazines pornographiques. Lorsqu'elle s'en était étonnée, on lui avait répondu que pour lire un tel journal, il fallait être pervers ! « À choisir, j'aurais préféré qu'il figure à côté des magazines animaliers... », me confie Anne, laconique. Nous avons éclaté de rire, mais cette anecdote me ramenait à l'année où je suis entrée de plein fouet dans ce monde de bannis, de radiés, dans lequel je n'aurais jamais voulu basculer.

Comme Anne qui, cette année-là, proposait une autre image sur le handicap, à partir de novembre 2003, une nouvelle marche sera franchie et quelle marche ! Les personnes paraplégiques auront accès, via la licence de pilote professionnel, aux métiers de l'aviation pour accomplir des missions telles que le transport de fret, la surveillance maritime ou de feux de forêt. Et d'ici quelques années, à la qualification d'instructeur... lorsqu'on aura fait nos preuves.

Notre courage sera enfin reconnu et nos performances récompensées. Quel chemin ! Encore un petit effort, et nous pourrons bientôt aller et venir partout et comme tout le monde.

Combien de fois nous avait-on dit : « C'est impossible » ? Pourtant, nous, nous l'avons fait.

En ce jour de liesse, j'ai une pensée particulière pour André Crépy : en 1972, ce pilote devenu paraplégique suite à un accident d'avion dans le désert avait fait fabriquer des commandes manuelles par un ami et convoqué la presse à l'aéro-club des Mureaux. Il se présenta aux journalistes sur son fauteuil roulant, puis, dans une totale illégalité, monta dans son PA-18 et effectua deux tours au-dessus de la piste avant de les retrouver pour être interviewé. Je sais que cette démonstration avait frappé les esprits de quelques membres de la DGAC. Il aura fallu trente ans pour qu'on lui donne raison.

En 2014, lors du grand meeting de La Ferté-Alais, j'aperçois Patrick Gandil, le directeur de la DGAC, et m'approche pour le saluer : « Ah, Dorine, dit-il en m'apercevant, il faut que je vous raconte une histoire qui va beaucoup vous plaire ! Un pilote de ligne a dû être amputé d'un membre inférieur, et maintenant il porte une prothèse. Il aurait dû perdre son aptitude médicale, mais figurez-vous qu'on a décidé de lui accorder une seconde chance. Et ça, il le doit à l'ouverture d'esprit que vous avez insufflée dans mon administration ! »

C'est énorme ! J'en pleure d'émotion. Lui aussi est très ému. Les victoires sont encore plus belles lorsqu'elles se matérialisent par des histoires d'hommes et que l'on sait qu'au bout de notre détermination, il y a un pilote heureux, peut-être un mari, un père de famille qui, grâce à nous, n'a pas dû renoncer à sa passion.

Cette victoire me galvanise, je vais pouvoir commencer ma formation de pilote professionnel. Pourtant, je déchante bien vite. Cet apprentissage est un Everest à gravir, des mois de travail, une pile d'ouvrages à apprendre... À cette période de ma vie, je me sens un peu vide. J'ai trente ans, et l'envie de penser à ma vie de femme. Envie de faire une pause, de changer de rythme, d'aimer, peut-être de fonder une famille. Être pilote, c'est être nomade, toujours sur les routes. J'ai tellement besoin de douceur, de tendresse et de me reposer sur une épaule. Devant la difficulté de la tâche, je jette l'éponge.

Ce renoncement, je le ressens comme un échec cinglant : *Tu ne vas pas au bout des choses...*, me dis-je. J'ai presque honte. Comment vivre avec une sensation d'inachevé ? Il me faudra dix ans pour répondre à cette question. Car je n'ai pas dit mon dernier mot ! Guillaume, mon cher Guillaume, est devenu pilote instructeur à cinquante-trois ans... Tout est donc possible à tout âge, il n'y a pas vraiment de limite. Si ce n'est la volonté.

Être femme

Ce besoin de douceur, de tendresse, passe aussi par la reconquête de mon corps et de ma vie sentimentale que j'ai complètement délaissée depuis plusieurs années. Ainsi, il y aura des rencontres sans lendemain et insignifiantes pour certaines, et d'autres qui m'ont profondément marquée parce qu'elles m'ont dévoilé un monde de sensualité dont, jusque-là, j'ignorais l'ampleur et la beauté. Des histoires où j'ai moins appris des hommes que de moi-même. En cela, elles sont essentielles.

Comme cet admirateur que je rencontre dans une librairie, épris d'aviation, lui aussi. Sa blondeur et ses yeux verts ont capté mon regard. Et celui qu'il me renvoie est un véritable appel de la vie.

Lorsque je l'emmène voler avec moi, il insiste pour me rendre le cadeau : cinq jours de vacances à Miami ! « Fais ta valise et prends des vêtements légers, on part en vacances... », m'a-t-il annoncé sans préciser la destination. À cette époque, je n'ai aucune contrainte de travail ni de famille, je suis libre comme l'air. Et terriblement seule. À nous l'aventure !

Une aventure qui commence dès notre installation dans l'avion. Allongés, l'un près de l'autre, moi sous une couverture, nos yeux se frôlent, s'embrasent. Puis ses mains s'approchent de mon corps et partent en exploration. D'abord, mes joues s'empourprent, puis je ris de la situation et de l'interdit. Rien ne m'amuse autant que la transgression quand elle ne porte pas à conséquence.

Cet homme séduisant et séducteur m'embarque dans son désir. Les yeux clos, le soleil me chauffant délicatement les paupières, je me laisse aimer, concentrée sur chaque nouvelle vibration. Mon corps se déploie à la caresse, comme un bouton de rose éclate à la chaleur d'un brasier. Jamais je n'avais ressenti de tels frissons, connu une si belle alchimie. J'ignorais même que cela pût exister ! Tout d'un coup, je comprends l'expression « être au septième ciel » ! Le vol Paris-Miami sera une suite ininterrompue de caresses. Les hôtesses de l'air passent près de nous, discrètes, puis disparaissent pour nous laisser tranquilles. Dieu sait ce qu'elles doivent se raconter entre elles !

Ces cinq jours ont été une douce parenthèse érotique et ce que ma peau a imprimé durant ces nuits où j'apprenais la sensualité, jamais elle ne l'a oublié. Mon beau professeur est passé dans ma vie comme un éclair. Ensuite, j'ai eu d'autres désirs. J'étais femme à présent. Plus sûre de ce corps dont j'avais tant douté. Et prête à ce que d'autres yeux se posent sur moi sans que j'en rougisse.

L'expérience m'avait prouvé que mon handicap n'altérait en rien mon pouvoir de séduction, mais je n'aurais jamais imaginé qu'un homme puisse désirer un enfant de moi. Pourtant, Bruno que je rencontre sur les réseaux sociaux en 2004 le souhaite plus que tout. Notre relation démarre de façon très romanesque : pendant des mois, nous passons nos soirées à discuter ensemble jusqu'au cœur de la nuit... chacun devant son écran d'ordinateur, et je tombe amoureuse de ses mots.

Lorsque je lui dis que je suis pilote, il renchérit de plus belle : lui est parachutiste ! Je participe à des rallyes aériens ? Il bat des records d'altitude en chute libre. J'aime l'aventure et le sport ? Il est un agent secret russe. Il affabule, mais j'ai tellement envie d'y croire ! Ses histoires me séduisent infiniment, et lorsque, conquise, j'émets le souhait de le voir, il disparaît.

Plusieurs mois s'écoulent avant qu'il ne me dévoile son vrai visage. Timide, il se voudrait différent, s'invente des vies, des rôles. Bien sûr, la réalité est beaucoup plus terne. Bruno n'est pas le héros qu'il prétend, mais un informaticien hors pair à l'imagination flamboyante. Il m'a impressionnée... même si je n'étais pas dupe. Sans me connaître, il a tout de suite compris ce qu'il fallait me dire pour me retenir. Si je l'embarque dans ma vie, c'est que j'ai encore envie de rêver à ses côtés.

Bruno est amoureux, il veut un enfant de moi. Il le dit, le redit. Sa demande pressante semble présager d'un engagement puissant. Jusqu'ici, j'avais envie de voler, d'être libre de mes mouvements. Maintenant, à trente ans, j'ai surtout envie d'aimer, un homme, un enfant, pourquoi pas... De construire une famille. La maternité n'est-elle pas la plus merveilleuse des aventures ? Pourquoi la refuserais-je, puisqu'un homme convaincu m'y invite ?

À l'instar de n'importe quelle femme, j'ai toujours su que je pouvais être mère. Une maman, à ma façon, en sachant que ce ne serait pas une mince affaire. À cette époque, comme un fait exprès, toutes mes amies sont enceintes et ma voisine de palier vient d'accoucher d'un bébé tellement mignon que j'en deviens gâteuse ! Cet enfant au doux babil a beaucoup influencé ma décision.

Affectueux, gentil, attentionné, Bruno fait tout pour être l'épaule que je recherche, l'homme avec qui je pourrai bâtir une vie de couple. Fantaisiste, il continue à me promener dans son univers. Près de lui, je me sens bien, même si nos goûts diffèrent et que, hormis les voyages, on ne partage pas grand-chose. En particulier, l'amour de l'aviation. Ce n'est franchement pas sa tasse de thé.

Le 11 juin 2004, nous nous marions et donnons une grande fête aux Mureaux. Tous mes amis de l'aéro-club Paul-Louis-Weiller sont là, Guillaume, Alexandre, Pierre, Claude, Brigitte Revellin-Falcoz et son époux... Même le metteur en scène Claude Pinoteau qui s'est pris d'affection pour moi ! Il a le projet d'adapter pour le cinéma le livre de Didier Van Cauwelaert, *La Demi-pensionnaire*, dont l'héroïne est une handicapée, pilote de voltige. Nous nous sommes rencontrés, il m'a demandé de conseiller Sandrine Bonnaire qui jouera le rôle principal. Le projet n'a jamais abouti, mais, jusqu'à sa disparition, nous sommes restés en contact.

Un an et demi se passe. Les premiers mois de mariage connaissent quelques tensions que j'ai mises sur le compte de l'apprivoisement mutuel. Il faut du temps pour apprendre à se caler l'un sur l'autre en épousant nos angles respectifs.

Un matin, je me réveille avec une étrange sensation de transformation physique. Une « métamorphose » kafkaïenne mais très sympathique, celle-là ! J'observe mes seins : ils ont triplé de volume. Une poitrine de rêve m'a poussé dans la nuit ! Un signe qui ne trompe pas : « Je suis enceinte ! Je suis enceinte ! » Je crie, je bats des mains. Bruno se réveille en sursaut tandis que je me lève pour courir acheter un test de grossesse.

Positif ! Mon compagnon est fou de joie. Et moi, heureuse, heureuse, bien que je ne réalise pas encore. Les jours suivants, je m'éveille au cœur de la nuit, émerveillée par ce qui m'arrive. Un enfant... moi qui me sens souvent si petite.

Maman... quelqu'un va m'appeler « maman ». C'est magique.

En attendant, nous allons devoir quitter notre quarante mètres carrés du faubourg Saint-Antoine. Très vite, notre décision est prise : nous ne resterons pas à Paris, dans le bruit, la pollution et la flambée des prix de l'immobilier. Pour l'enfant à venir, je veux le calme, l'air pur, qu'il grandisse dans cette campagne que j'ai connue. J'aimerais me rapprocher de ma famille, et retourner avec lui sur les lieux de mon enfance, lui présenter pépé Jean qui m'a initiée à toutes les beautés de la nature et que j'ai tant aimé. Qu'il y ait une forme de transmission. Et que je revienne dans cette région que j'ai fuie et où je m'étais juré de réapparaître sur mes deux jambes. Mais renaître en jeune maman, c'est encore plus beau !

Avec Bruno, nous partons sillonner l'Auvergne à la recherche d'un nouveau nid. Notre choix se fixe sur le charmant village de Langy dans l'Allier, et plus particulièrement sur une « longère », une maison de plain-pied, avec un joli puits au milieu d'un parterre de fleurs. Le terrain se compose d'un sous-bois et d'un verger. Je vois déjà notre enfant cueillir des framboises à pleine main, ou grimper dans les pommiers. Quel magnifique espace de découvertes !

Dès les premières semaines, mon corps se transforme, il s'épanouit, comme si cette vie qui pousse en lui l'autorisait enfin à se déployer. Cette idée d'amplitude me plaît. Je me trouve belle, féminine. À tous, je veux exposer mon ventre rond, l'épanouissement de mes formes. Durant ma grossesse, je mange comme jamais, complètement déculpabilisée... et je prends vingt-trois kilos ! C'est beaucoup. C'est trop. Les derniers mois, je peine à me hisser du fauteuil, mes jambes gonflent. Avec cet excès de poids, je comprends réellement le sens du mot « handicapé ».

Sur mon lit où je joue les odalisques, s'empilent des bouquins qui décrivent, jour après jour, les transformations du bébé dans le ventre de la mère. Je veux tout savoir de mon enfant, heure par heure, jusqu'à ce que je me stresse toute seule parce que les indications du livre ne correspondent pas à ma réalité. Du coup, je balance cette littérature pour faire comme j'ai toujours fait : au feeling !

Dehors, les regards sur moi ont changé. Ils sont bienveillants, parfois surpris, intéressés. Voire interloqués. Une paraplégique enceinte, ce n'est pas si courant. Des femmes me sourient, viennent me parler. « C'est pour bientôt, madame ? Et vous savez ce que ce sera ? » Oui, une petite fille, et je suis comblée. J'ai soufflé le prénom à son père : elle s'appellera Charline. « Charlin'dbergh ! » s'amuse mon ami Guillaume. Déjà, je nous imagine, serrées l'une contre l'autre, cheveux mêlés, riant ensemble et partageant tous nos petits secrets... Comme deux sœurs complices.

D'avance, j'ai su que ma grossesse était risquée et que l'accouchement serait périlleux. En 2005, rares sont les paraplégiques qui envisagent une maternité, par manque d'information et de soutien. Les cliniques ont peu d'expérience en ce domaine : le personnel n'est pas formé, les lieux souvent inaccessibles...

Dans l'établissement de Roanne que m'a conseillé mon père, j'ai d'emblée prévenu Catherine Manier, mon obstétricienne : il est hors de question que je subisse une césarienne ! Parce que, malgré tout, j'ai de bons abdominaux et je peux pousser !

Catherine, qui est une femme merveilleuse, pourrait me répondre que 90 % des femmes handicapées accouchent par césarienne et que mon souhait est irréaliste, mais non, elle me sourit gentiment et elle m'assure qu'au contraire elle fera son possible pour que l'enfant naisse par les voies naturelles :

— J'ai déjà eu l'occasion de suivre une future maman paraplégique..., m'indique-t-elle.

— Vous comprenez, je tiens à accueillir mon enfant dès qu'il viendra au monde, échanger avec lui le tout premier regard !

— Je vais vous accompagner, vous allez m'écouter, et ça se passera très bien.

Elle a tenu parole. Plus tard, elle m'a avoué avoir ressenti une légère angoisse le jour de l'accouchement. Dans ce genre de situation, rien n'est jamais acquis. Depuis, nous sommes devenues amies et nous voyons chaque été. Ainsi, elle peut voir grandir Charline.

Sur son conseil, j'ai suivi quelques séances d'haptonomie. Il s'agit d'un échange prénatal par la voix et l'application des mains sur le ventre. C'est un moment très doux où j'entre en communion avec mon futur bébé, je le rassure, je le caresse à travers ma peau. Le jour de l'accouchement, mes mots l'accompagneront doucement vers la sortie.

Naïvement, je pensais ne rien ressentir lors des contractions : « Ce n'est que ça ? Je gère, je gère ! » disais-je au début en faisant mes exercices de respiration. Puis des douleurs atroces ont commencé à envahir mes jambes jusqu'aux doigts de pied. Des décharges électriques épouvantables, comme si on m'étripait à vif ! Il s'agit de paresthésies, un mélange de fourmillements et d'engourdissements qui se réveillent violemment. Bruno me tient la main et me réconforte de sa présence. Quand, au bout de deux heures, j'ai appelé la sage-femme pour qu'elle me soulage de ces douleurs, Charline est arrivée dans un ultime coup de talon.

Nous sommes le 22 juin 2006. Charline naît le premier jour de l'été, comme une bonne nouvelle. J'ai hissé mon enfant jusqu'au creux de mon coude, sa petite tête repose contre ma joue et je caresse doucement son front de mes lèvres. On dirait qu'elle a du mal à ouvrir les yeux comme si on l'avait tirée d'un long, d'un très long sommeil. Bienvenue, mon bébé ! Bienvenue, ma petite Charline !

Les premiers temps, notre vie s'organise dans ma chambre. J'ai besoin de m'étendre souvent, de me reposer. Mon lit devient le centre névralgique de la maison. C'est là que je change ma fille, que je lui donne le sein, que nous jouons, qu'elle dort souvent dans mes bras.

Les nuits sont mouvementées, Charline a le sommeil léger et au moindre gémissement, je me précipite. À aller ainsi au-devant du moindre de ses désirs, à la surprotéger, je m'exténue, deviens tendue, irritable. Et je maigris à vue d'œil.

On sort peu. Parfois, je crains de ne pas l'ouvrir suffisamment au monde... Mais j'ai peur de tomber et d'entraîner Charline dans ma chute. Certains jours, j'ai l'impression d'être comme un funambule sur son fil. Habituée à me mouvoir en m'aidant de mes bras, je perds en stabilité lorsque je dois la porter.

Mois après mois, j'apprends à m'organiser. L'expérience, une plus grande confiance en moi et une crèche qui ouvre à point nommé sont mes meilleures alliées ! Par bonheur, Suzanne, une amie d'enfance de mon père, vient aussi à mon secours. « Je suis là pour toi... », me rassure-t-elle. Dès les premiers jours, elle me sera d'une aide précieuse, comme une grand-mère supplémentaire pour Charline. Ancienne institutrice, elle imagine des jeux, des exercices d'éveil, et c'est elle qui l'emmènera à Nice, au bord de la mer, pour lui apprendre à nager ! Tous ces lieux où je ne peux l'accompagner que par la pensée...

Dans le silence des jours tranquilles qui s'écoulent à la campagne, je redécouvre chaque matin le bonheur d'être maman. Avec Charline, bien calée sur mes genoux, on se promène le long des sentiers. J'ai dû acquérir un fauteuil électrique au lieu d'une poussette, le temps qu'elle grandisse. Une solution très pratique, mais qui fait fondre mes muscles à une vitesse vertigineuse. Lorsque j'ai dû me réhabituer au fauteuil classique, je ne réussissais même plus à me hisser sur mon lit ou sur le siège de mon automobile !

Parfois, notre « engin » s'embourbe dans les ornières et on manque de basculer. Un jour, une petite route nous conduit jusqu'à la ferme d'Yvonne, une cultivatrice qui vit au milieu d'une ribambelle de chats. De derrière sa fenêtre, elle nous fait signe d'entrer. Les murs de la pièce principale sont noirs de la suie du poêle à bois qui lui sert de chauffage. Sur la table, gît un lapin dépecé que Charline découvre, bouche bée. Je distrais vite son regard de cette vision sanguinolente. Tout l'intrigue, ici, jusqu'aux longs ongles terreux de cette gentille fermière qui nous prend aussitôt en affection.

Yvonne va devenir « l'autre grand-mère de la campagne », celle qui apprendra à marcher à ma fille en la tenant par les mains pour l'emmener voir les clapiers, les poules, et les oies bruyantes dont les cris ne l'effraient pas pour autant... C'est en voulant caresser un lapin que Charline se dressera, seule, et fera ses premiers pas. Le jour de son anniversaire, Yvonne confectionne un immense fraisier, et elle ne cessera de nous combler de petits présents, une cagette de haricots, un panier de pommes ou un sac de noix. Depuis cette époque, elle nous est restée très fidèle : il ne se passe pas un anniversaire de Charline sans qu'elle l'appelle au téléphone.

Tous les parents aimeraient que leurs enfants ne répètent pas les erreurs qu'ils ont commises. Ayant tellement souffert dans ma chair, je ne voudrais pas que Charline connaisse autant de douleur : « Prends soin de ton corps, c'est ce que tu as de plus précieux..., lui dis-je en lui faisant des massages et des bisous jusqu'au bout de ses minuscules orteils. C'est un bien inestimable, ne le maltraite jamais. »

Grâce à Charline, je m'émerveille de la beauté palpitante de la vie. Quand, les soirs d'été, ma fille goûte le soleil, c'est mon corps qui se réchauffe. Quand elle fait ses premiers pas, c'est moi qui recouvre la marche. Quand elle danse, je danse. À travers elle et son regard sur le monde, je retrouve la petite fille que j'ai été. Elle m'aide à vivre, elle m'aide à me réparer.

La maternité ne s'est pas contentée de m'offrir cette enfant. Elle a libéré mon corps et fait sauter des verrous. Grâce à elle, je suis sortie d'un carcan : j'ose aller sur une piste de danse, tourbillonner avec mon fauteuil, me laisser bercer en improvisant des figures. La musique m'emporte et j'oublie les regards qui m'indisposaient tant. Avant Charline, j'étais comme prisonnière.

Aujourd'hui, ma fille a huit ans, une grande sensibilité et beaucoup d'autonomie. Sa maman à roulettes peut enfin souffler ! Rien ne l'amuse autant que de chausser ses rollers et de partir avec moi dans les rues de notre ville.

Ce jour-là, nous avons décidé d'aller le plus loin possible. « Si je suis fatiguée, tu me porteras ! » a décrété Charline. Ben voyons ! Elle a encore la nostalgie des genoux de maman, mais, malheureusement, elle ne pèse plus le même poids qu'avant. Je chemine sur le bord du trottoir, elle me pousse à l'arrière en zigzaguant sur ses rollers, évitant de justesse les obstacles. On rigole bien.

Un motard nous croise et, peu après, je le vois repasser dans l'autre sens. Il va se garer à une cinquantaine de mètres de nous et enlève son casque. C'est le choc de découvrir une telle beauté, à la silhouette déliée et élégante. Est-ce pour nous qu'il s'est arrêté ? Je le regarde discrètement et, à ma stupéfaction, il vient pour nous saluer ! Là, je le reconnais : c'est Harry Roselmack ! « Excusez-moi de vous importuner, mais je vous ai vues tout à l'heure, et je n'ai pas pu m'empêcher de m'arrêter pour vous dire que vous êtes magnifiques toutes les deux, votre image joyeuse m'a enchanté... »

D'abord, muette d'étonnement et intimidée, je finis par échanger quelques mots avec lui. Et le dimanche suivant, je montre à ma fille l'émission de télévision qu'il présente. Elle n'est pas peu fière !

Ensemble, nous revenons sur le « domaine » de mon enfance et je raconte à Charline mon histoire qui va devenir la sienne. Nous nous sommes arrêtées longuement à Saint-Julien-la-Vêtre, devant une maison abandonnée qui fut celle de mon grand-père. Émue, je lui montre le vieux noisetier et la balançoire accrochée à la plus haute branche et qu'il poussait, en fredonnant des chansons de Jacques Brel. La balançoire est toujours là et, à présent, c'est moi qui y pousse ma fille.

Serrées, joue contre joue, je revois, en même temps que je lui parle, la forêt, les sous-bois, et l'eau glacée de la rivière dans laquelle nous nous baignions autrefois, grand-père et moi, lui portant une grande culotte démodée. Cher pépé Jean... Nous revenions au village sur son vieux Fordson et il me laissait tenir le volant, assise entre ses jambes. Ce souvenir est tellement précis que les larmes coulent dans mon sourire. Charline me regarde, surprise, et enserre très fort mon cou de ses petits bras, couvrant mes joues de baisers :

— Tu es triste, maman ?

— Ici, c'est le verger de mon enfance, ma chérie, et quand je suis avec toi, j'ai l'impression de m'y promener. Viens, je vais te montrer quelque chose...

Nous roulons/marchons jusqu'à la chapelle des Anges, une ravissante petite bâtisse en pierre surmontée d'un clocheton et située à l'orée de la forêt. Enfant, j'avais caché un grelot sous un gros caillou, au pied de l'édifice. *Un jour, je reviendrai le chercher...*, m'étais-je promis. Déjà, je pensais à un ailleurs, une autre vie. Y cacher un trésor était la preuve d'un retour. Lorsque je serais grande.

Charline donne un coup de pied dans tous les cailloux. En vain. Depuis tant d'années, le grelot a été enfoui sous la terre. Du coup, je lui propose de cacher à son tour un objet dans un endroit mieux protégé, cette fois. Et d'ajouter un petit mot : « Si vous trouvez mon trésor, prenez-le, mais remplacez-le par le vôtre... »

Dans trente ans, elle sera au rendez-vous du souvenir et j'espère bien l'y accompagner.

À Noirétable, les commerçants n'ont pas changé. À hauteur de Charline, j'ai toujours huit ans. Lorsque je croise le regard de la boulangère, je me revois avec ma copine Valérie piocher dans les pots de bonbons ; à la papeterie du village, je retrouve les allées encombrées de livres, de fournitures scolaires, d'étagères bourrées de jouets qui montent jusqu'au plafond, et je me souviens de Mme Muron qui grimpait sur un escabeau branlant à la recherche de l'objet convoité. C'est la même voix qui m'accueille lorsque j'entre chez la bijoutière, et flotte encore dans ma mémoire l'odeur âcre de l'alcool dont elle imbibait un bout de coton, avant que j'essaie des boucles d'oreilles, cadeau de ma grand-mère. Et le sourire de la bouchère est toujours semblable à celui d'avant, légèrement caché par la structure métallique de la vitre qui protège la viande. Même son « Ça sera tout ? » est éternel.

L'autre raison pour laquelle nous avions choisi de nous installer à Langy, c'est la proximité de l'aéro-club de Lapalisse. À l'époque, il abrite le plus gros centre de parachutisme de France. De mon jardin, j'entends au-dessus de ma tête les moteurs du Skyvan qui transporte les amateurs de saut. Pour moi, c'est comme un appel du ciel...

Les adhérents de l'aéro-club sont très sympathiques et l'endroit accueillant, avec une piscine, un bar, un grand salon, où, chaque samedi, la fête bat son plein. Dans l'isolement de la campagne, l'aéro-club est une vraie bouffée d'air frais. Ces rencontres me manquent, j'ai besoin de ma famille. Entre passionnés, on se comprend à demi-mots.

À peine sait-elle marcher que j'emmène Charline à l'aéro-club voir les parachutistes. Nez en l'air, elle crie et bat des mains, fascinée par ces petits points noirs qui éclosent dans le ciel comme des fleurs. Il y en a de toutes les couleurs, des roses, des vertes, des bleues... Sauter en parachute, j'en rêve depuis toujours. Et quand Olivier, un infirmier que je consulte pour des soins, me parle d'un saut en tandem, je décide de m'inscrire. La vie tranquille à Langy ne m'a pas guérie des sensations fortes. Bien au contraire.

Quinze jours plus tard, me voici installée dans un Skyvan, un avion-cargo avec une rampe de chargement à l'arrière. Pour mon baptême, c'est Yves Négrié, moniteur de parachutisme, qui sautera avec moi. De part et d'autre de la carlingue, sont installés des bancs en toile sur lesquels ceux qui s'apprêtent à sauter se font face. Nous sommes une quinzaine à patienter. Personne ne parle, chacun est concentré sur son saut. L'avion monte, monte, il n'en finit pas de monter. Et la tension, le stress grimpent avec lui. Altitude, quatre mille deux cents mètres, m'annonce Yves !

Lui et moi nous sommes installés dans le fond. Avant d'embarquer, j'ai enfilé une combinaison munie d'accroches qui sont fixées sur la sienne. Il est derrière moi, et mon dos contre son torse. Une position « enrobante » qui me rassure, je tremble un peu. Deux parachutistes sont assis à nos côtés dont Olivier : ils sauteront en même temps que nous pour nous filmer.

Arrivés à l'endroit de largage, la trappe à l'arrière de l'avion s'ouvre, comme si nous étions à l'intérieur d'une baleine. Un pan de ciel apparaît qui s'élargit peu à peu. C'est magnifique mais extrêmement impressionnant ! L'ordre de sauter retentit dans le haut-parleur, les parachutistes se lèvent d'un coup, puis, les uns derrière les autres, ils marchent et s'élancent dans le vide. *Go ! Go ! Go !* Certains courent pour prendre leur élan, et parvenus au bord de la trappe, ils disparaissent brusquement comme s'ils étaient aspirés !

Du fond de l'avion, je les vois s'évanouir dans l'air et je me sens pâlir. Mais je n'ai pas le temps de réfléchir davantage, c'est à nous, à présent. Il faut y aller ! Yves marche vers l'ouverture en me portant et nous nous asseyons au bord du vide. Je regarde le patchwork que forment les prés et les champs, les maisons minuscules, et, malgré moi, des exclamations sortent de ma gorge : « J'ai peur ! » dis-je à Yves. « T'en fais pas, moi aussi ! » et, hop, il se jette en avant !

Je veux crier, mais l'air glacial me coupe le sifflet. Tout de suite, je déploie mes bras ainsi qu'Yves me l'a indiqué et, là, c'est magique : je vole comme un oiseau, l'air me porte sous le ventre, on glisse sur des toboggans imaginaires. Lorsque notre parachute s'ouvre, le ciel nous aspire quelques secondes, puis nous laisse redescendre doucement vers la terre.

Il reste environ six minutes avant que l'on touche le sol. L'air est calme après la tornade. Je me balance au gré du vent, dévorant le paysage sans en perdre une miette. Les deux parachutistes nous entourent et Olivier m'envoie des signes amicaux. Un geste de mon moniteur et je ramène mes jambes en les attachant contre mon torse pour faciliter notre atterrissage.

Un magnifique baptême des airs, merci Yves ! Je voudrais recommencer tout de suite ! Ce saut initiatique sera suivi de huit autres, dont un à Gruyères dans les montagnes suisses : j'en garde encore la féerie dans les yeux. Ce fut un moment de grâce, de pureté, où je surfais sur des filets d'air glacé avec la sensation vertigineuse de tout dominer et de n'être rien...

C'est un e-mail très émouvant de Sarah Ramseier, une jeune lycéenne suisse, qui m'a amenée dans ce site prestigieux des Alpes. En 2007, elle entre en classe de terminale, et me dit devoir faire son « épreuve de maturité », sorte de mémoire sur un thème relatif à une action caritative ou une association. Avant de le rédiger, elle doit s'investir dans un projet :

> *Je viens de refermer les pages de votre livre,* m'écrit-elle, *j'ai été très touchée par votre histoire, et elle m'a donné une idée. Mon père est parachutiste. J'ai un ami paraplégique de mon âge qui aimerait bien passer son brevet de planeur, mais voilà, ici, ce n'est pas autorisé. Alors, j'ai envie d'organiser un rassemblement européen sur l'aérodrome de Gruyères pour sensibiliser la Suisse à l'aviation adaptée aux handicapés. Le projet s'appellerait « Handiflight ». Est-ce que vous accepteriez d'en être la marraine ?*

Fatiguée par ma grossesse et mon bébé qui demande une attention constante, j'hésite un peu avant de craquer : *Je veux bien, mais n'attendez pas trop de moi, ma petite fille me prend toute mon énergie !*

Sarah n'espérait que mon feu vert. Elle a tout organisé, contacté une foule d'intervenants européens et, finalement, le projet a vu le jour. Je l'ai rejointe sur place... et un ange blond a chouchouté Charline pendant que je savourais une vraie semaine de vacances !

Ces huit jours à Gruyères ont été une succession de jolies surprises, d'émerveillements. Déjà, à cause du site : un paradis naturel, les montagnes suisses et les pâturages, saupoudrés de petits chalets. Les verts, les blancs étincellent sous le soleil, on dirait un tableau. Ici, les avions de tourisme croisent les parachutistes, les parapentistes, les planeurs aux ailes qui battent comme des mouettes géantes, et les imposantes montgolfières qui évoluent lentement dans le ciel, semblables à de vieux sages, des forces tranquilles. Évidemment, je ne pouvais quitter le lieu sans faire une excursion en ballon. Penchée au balcon de la nacelle, je me suis enivrée de la pureté de l'air.

Le ciel m'avait manqué. Ces retrouvailles tout en douceur m'ont bouleversée.

Le rassemblement Handiflight a réuni des dizaines de pilotes venus de tous les horizons. Et Brian Jones a accepté d'en être le président d'honneur. En mars 1999, lui et Bertrand Piccard avaient été les premiers hommes à faire le tour du monde en ballon sans escale dans le Breitling Orbiter 3 en une vingtaine de jours. Le rapprochement entre Brian et Handiflight donnera naissance à une école de pilotage de montgolfières totalement accessible en fauteuil roulant. L'initiative de Sarah est un vrai succès !

Guillaume nous a rejoints à Gruyères et il décide de m'emmener voler. En fait de promenade, il me kidnappe tout l'après-midi pour aller sur une étape du Tour de France aérien des jeunes pilotes à la frontière du Jura. Surprise ! Je revois les commissaires qui, dix ans plus tôt, avaient évalué mes épreuves et je retrouve les émotions de mes débuts. C'est déjà si loin, presque dans une autre vie...

Au retour, Guillaume me passe les commandes. Les réflexes reviennent immédiatement. Il me laisse même atterrir. Trois ans que je n'avais pas piloté ! Peu à peu, l'eau me revient à la bouche. Elle a la saveur d'un nectar. Mais je ne veux pas me l'avouer.

— Tu n'as rien perdu..., m'assure Guillaume avec son petit sourire. Qu'est-ce que tu attends pour t'y remettre ?

— Oh, tu sais, maintenant que j'ai mon enfant, je ne veux courir aucun risque. Parfois, je fais des cauchemars, je rêve que je me crashe...

Ces cauchemars récurrents sont apparus à la naissance de Charline. Notre lien est si fusionnel que je n'ose pas l'imaginer sans moi à ses côtés. Être mère, c'est porter en permanence une deuxième vie en soi. Risquer ma vie, c'était risquer la sienne. Pendant des années, j'ai assimilé l'aviation à une mise en danger de nos existences.

Il faudra que j'attende la proposition de présenter un avion au Salon du Bourget en 2011 pour dépasser cette peur. Pour ce rêve éveillé, j'ai ravalé mes craintes et j'ai retrouvé mon adrénaline. L'appel du ciel a été le plus fort !

Charline n'a pas vu mon retour sur les terrains d'aviation d'un très bon œil. Elle a toujours eu l'angoisse de prendre l'avion et on peut la comprendre. Encore aujourd'hui, elle n'accepte de voler que si c'est moi qui pilote. Là-haut, dans le bleu du ciel et la chaleur du cockpit, je la sens calme, détendue comme si elle nichait encore dans le ventre maternel.

Il y a quelque temps, je l'ai emmenée avec Alice, une petite copine, dont c'était le baptême de l'air. Il faisait beau, le ciel était clair... mais l'ambiance à l'arrière était crispée. L'amie de Charline tremblait de peur et poussait des cris stridents chaque fois que j'amorçais le plus léger virage. Elle se cramponnait à mon siège tandis que ma fille tentait de la rassurer : « T'inquiète pas, ma mère c'est une professionnelle, elle sait faire, la rassurait-elle. Et puis, regarde, on ne risque rien, y'a de l'herbe partout, on peut se poser où on veut... »

Je ne voyais pas ce que ma fille voulait dire, mais lorsque j'ai regardé les étendues vertes sous mes pieds, j'ai compris : Charline confondait les prés avec « la gazonnée », la piste d'atterrissage en herbe des Mureaux !

Aux commandes de ma vie

Dans l'isolement de la campagne, face à soi-même et à l'autre, il n'existe que peu d'échappatoires au dysfonctionnement d'un couple. Et le nôtre bat sérieusement de l'aile. Les liens que nous avons tissés se sont distendus. Bruno et moi ne sommes plus en phase. Lui est un vrai solitaire. Il n'aime rien tant que le silence de la nature, et les longs tête-à-tête avec son ordinateur. La société l'incommode rapidement. Moi, j'ai besoin d'entendre des voix, des rires, que la vie transperce ce silence assourdissant.

Certes, l'air est pur mais je m'ennuie. J'ai l'impression que la vie est ailleurs. Comme tous les isolés du monde entier, je deviens vite « accro » aux réseaux sociaux. Paris me manque. Après deux ans à la campagne, je décide de rejoindre la capitale. Et, aussi, de me séparer du père de ma fille.

J'ai beaucoup hésité en songeant aux difficultés qui m'attendaient. Élever seule un enfant, dans ma situation, ce sera compliqué. D'autant que Suzanne, la chère nounou de Charline, ne sera plus là. L'angoisse, le doute me retiennent quelques mois. Mais l'urgence est de reprendre les commandes de ma vie. On a souvent droit à une deuxième chance. Je veux la tenter.

Le divorce est une épreuve dont je n'avais pas soupçonné la violence. Bruno qui est un père attentionné se sent blessé par ma décision et les tensions s'exacerbent. Durant cette période, je revis mes angoisses de l'accident, elles montent d'un coup, la peur m'envahit et me laisse suffocante.

Dans ces moments-là, je puise ma force dans les yeux de Charline. C'est elle qui m'aide à ne pas me laisser enfermer dans ma condition de paraplégique. Elle panse mes blessures, elle m'aide à grandir, me redonne de la fierté. Charline est un miroir qui dit toujours la vérité, la belle et tonique vérité.

Ce n'est qu'au prix de gros efforts et de beaucoup de concessions que les rapports avec Bruno redeviennent cordiaux. Si j'ai activé la procédure, c'est pour que ma Charline ne subisse pas nos disputes, nos heurts comme tous les enfants de parents qui se déchirent. Une fois de plus, le souvenir de mon enfance a nourri mes décisions. Lorsque je regarde ma fille, c'est la petite Dorine que je vois, celle qui aurait dû être épargnée par les conflits familiaux et qui ne l'a pas été...

Mieux valait trouver un compromis en étant séparés. Puisqu'on avait raté notre mariage, peut-être pouvait-on réussir notre divorce? C'est ce qui s'est produit. Aujourd'hui, chacun s'épanouit de son côté et l'on se réunit, apaisés, autour de notre enfant.

Après ces années passées en province, j'ai l'impression de repartir de zéro. Et je suis consciente des nombreuses difficultés qui m'attendent. Trouver un logement, un emploi, un cadre de vie adapté à une personne en fauteuil roulant sera un parcours du combattant. De la force, j'en ai, et de la volonté encore plus. Mais je ne me doutais pas dans quel marathon semé d'embûches j'allais me jeter !

Il faudra presque deux ans pour que je parvienne à me loger dans Paris ! Mais le temps joue aussi pour moi, Charline grandit. Dans l'intervalle, je m'installe chez Suzanne, près de Saint-Étienne. Sans elle, sans l'amour qu'elle nous a porté, je ne sais pas comment j'aurais fait. J'avais oublié qu'en France, 10 % des appartements sont accessibles aux personnes en fauteuil roulant et à Paris, moins de 5 %...

Lorsque j'étais à Langy, je recevais régulièrement des appels d'Axel Nilsson, un producteur de documentaires qui avait réalisé un film sur l'aviation avec moi et était devenu un ami. « Alors, Dorine, à la campagne tu as abandonné tes combats pour la communauté des personnes handicapées ? » me demande-t-il. C'est de la provocation, il me connaît bien. Non seulement, je n'ai rien laissé tomber, mais si je pouvais trouver un travail pour élever mon enfant et faire avancer la cause, je serais ravie.

En attendant, il me propose de collaborer au *Journal du handicap* pour La Chaîne Parlementaire. Six numéros seront diffusés. Malheureusement, le concept sera interrompu avec le changement de président. Ces brèves quotidiennes étaient pourtant très appréciées.

En cherchant des sujets de reportages, nous découvrons l'existence à Toulouse d'une entreprise adaptée, Distribution Services Industriels (DSI), dirigée par un homme audacieux, Jean-Louis Ribes. Il travaillait pour Airbus lorsqu'on lui a proposé de s'occuper du recrutement de travailleurs handicapés. Comme toutes les entreprises, Airbus est tenu à un quota. C'est à ce moment-là que Jean-Louis découvre le monde du handicap.

La rencontre avec un jeune handicapé surdiplômé et sans emploi va être déterminante pour la suite de ses activités. Jean-Louis décide d'agir. En fonction des besoins, il embauchera et formera les personnes handicapées à la demande des entreprises : « On a tous des compétences. Si elle est respectée et valorisée dans son travail, une personne qui n'a que 50 % de ses moyens les donnera à 100 % », assure-t-il.

Aujourd'hui, DSI a recruté près de six cent cinquante personnes handicapées dans différents secteurs. Un véritable empire ! L'entreprise adaptée doit servir de tremplin vers le milieu professionnel ordinaire, mais chez lui, aucun salarié ne veut partir ! Ici, l'écoute, la solidarité sont primordiales, on mise sur l'humain et le long terme plutôt que sur le profit immédiat. Depuis 1996, Jean-Louis n'a jamais licencié personne et a trouvé du travail pour tous.

Son enthousiasme et sa réussite nous ont convaincus : Axel décide de se lancer dans la création d'une entreprise adaptée et je l'accompagne. Un an s'écoulera avant qu'il obtienne l'agrément, le temps que je m'installe définitivement à Paris.

Après deux années de recherches et d'allers-retours incessants entre la province et la capitale, je découvre enfin l'appartement de mes rêves. De mes rêves de bipède car, en fauteuil roulant avec un enfant, ça promet d'être beaucoup plus compliqué.

Certes, il y a les trois marches infranchissables à l'entrée de la résidence. Certes, on ne pénètre dans l'ascenseur minuscule qu'avec un chausse-pied. Et je ne pourrai entrer et sortir de mon immeuble qu'en utilisant ma voiture par la rampe du garage... Mais la vue sur le parc, le quartier calme et résidentiel, l'intérieur zen et épuré bien que peu fonctionnel m'ont fait craquer. Merci Brigitte car, une fois de plus, c'est elle qui est venue à mon secours.

Je n'ai pas encore posé mes valises que le représentant de la copropriété m'accueille, glacial, dans le hall du rez-de-chaussée :

— Ah, bonjour, on m'a prévenu de votre arrivée. Vous tenez vraiment à vous installer dans notre résidence ? Vous voyez bien que ce n'est pas adapté pour vous, ici. On ne fera pas de travaux. Ça coûterait trop cher. Cherchez ailleurs.

Choquée, je bafouille que je ne comptais rien demander, je vais me débrouiller. Je lui explique qu'en entrant en voiture par le sous-sol, je peux ensuite rejoindre mon appartement par l'ascenseur. J'en fais immédiatement la démonstration en manœuvrant pour ne pas rayer les parois. À sa tête, je vois que mes arguments ne le convainquent pas du tout !

— Vous comprenez, l'ascenseur a été rénové il y a un an ! Si vous l'abîmez, il faudra payer ! Je connais bien le problème, ma sœur est en fauteuil roulant et, dans l'ascenseur, ça ne passe pas !

— On n'a peut-être pas le même gabarit...

Aïe, c'est sans doute vrai, mais je n'aurais pas dû le dire ! L'homme m'a regardée fixement et il a tourné les talons sans un mot.

Encouragée par le gardien de l'immeuble, très aimable, lui, je propose qu'on installe un plan incliné au-dessus de la marche pour me permettre de passer du hall d'entrée au jardin, et sortir prendre l'air. Ainsi, je pourrais profiter de l'espace vert « interdit aux enfants ». Ma requête est restée lettre morte.

En emménageant dans ce quartier, j'avais espéré recevoir l'accueil que tout nouvel habitant est en droit d'attendre. Un bonjour, un sourire, un geste de bienvenue. Puis étudier calmement la question du petit plan incliné avec les responsables de la copropriété en la mettant à l'ordre du jour d'une prochaine assemblée générale. Les choses ne se sont pas passées ainsi.

À mon arrivée à la résidence, Brigitte avait déposé un message dans les boîtes aux lettres des copropriétaires, qui disait en substance :

> *Ce qui concerne Dorine aujourd'hui peut vous concerner demain : un accident, un problème de santé, une mauvaise fracture, des difficultés pour marcher liées au poids des années... Sans doute la remercieriez-vous un jour pour cette prise de conscience et cette ouverture d'esprit.*

Un an plus tard, celui qui m'avait cassé le moral à mon arrivée était victime d'un AVC...

Peu à peu, ma joie d'avoir trouvé un toit, malgré ces signes d'adversité, se transforme en cauchemar. Au fil des semaines, ma fatigue s'intensifie. Car, au-delà de mon appartement, ce sont les commerces, les transports, l'école, un quartier tout entier qui n'est pas accessible en fauteuil roulant et rend ma vie extrêmement compliquée. Charline me voit malheureuse, préoccupée et elle s'en attriste.

Des samedis soir, des dimanches, seule à la maison, j'en ai passé quelques-uns et je m'apprête à en vivre d'autres... Quand il est si compliqué de sortir, on a intérêt à aimer la solitude. Reste Internet, et les voyages qu'il offre aux esprits curieux comme aux âmes abandonnées.

À cette époque, j'ai découvert qu'avec le Web, on n'est parfois pas plus à l'abri chez soi qu'à l'extérieur, et qu'on peut devenir une proie facile pour les amateurs de chair fraîche.

Un dimanche après-midi un peu morose, je traîne dans mon appartement, et me balade mollement sur Facebook. Les Parisiens sont partis à la campagne ou à la mer, Charline passe le week-end chez son père, je suis seule. Distraitement, je regarde et commente les photos envoyées par des proches, je consulte ma messagerie.

Vers 16 heures, un message s'affiche dans ma boîte de réception. Petit clic de la main droite, le message s'ouvre, écrit en anglais. Il est accompagné d'une jolie photo. Celle d'un pilote en combinaison contemplant un avion de chasse.

Je lis le message du bout des yeux. J'ai appris à me méfier des inconnus qui m'abordent sur Internet, et j'en connais les risques. Qui peut bien se cacher derrière ces mots, cette photo souriante ?

Mon interlocuteur parle d'une cousine lointaine qui aurait le même nom que moi et dont il chercherait à retrouver la trace. Il aurait découvert mon profil par hasard et des photos où, comme lui, je pose à côté d'un avion. Ses phrases sont très amicales, délicates. Des mots que j'ai envie, besoin d'entendre. Sans me connaître, il joue là-dessus.

Ce militaire debout devant son avion de chasse m'intrigue, et je lui réponds. Une lettre me revient, immédiatement. S'ensuivent des échanges très agréables et, quelques jours plus tard, un appel téléphonique d'Afrique du Sud. Une voix douce et chaude à des milliers de kilomètres de moi débarque dans mon salon. L'exotisme de la situation me trouble beaucoup mais je reste méfiante.

Pourtant, au fil des jours, je me laisse séduire, envoûter par le pilote, puis, très vite, par l'homme. Infailliblement, chaque matin vers 6 h 30, de longues déclarations d'amour de mon bel inconnu parviennent dans ma boîte mail. Puis un coup de fil, une demi-heure plus tard à mon réveil, « pour que tu sois la première personne de la journée à entendre ma voix », murmure-t-il, romantique.

Nous nous connaissons peu, mais il en sait déjà beaucoup sur moi. Il me dit que mon parcours a fait de moi une femme extraordinaire, fascinante à ses yeux. Il admire mon courage et avoue me vouer un attachement profond.

Lui est fonctionnaire dans un ministère en Afrique du Sud. Il m'envoie des photos des réceptions où il est convié, il me raconte ses vols quand il était pilote de chasse sur Mirage F1, sa famille, son enfance dans une ferme du Drakensberg...

Il dit vouloir me connaître, rencontrer les miens, prendre soin de moi, de nous. Il s'engage, il promet, et comme c'est un ancien militaire, – pour moi, une personne d'honneur, quelqu'un de fiable – je l'écoute d'une oreille conciliante.

« Tu sais, marcher ne te rendrait pas plus belle... Je t'aime telle que tu es... », me déclare-t-il un jour.

Lorsqu'il prononce ces mots, il efface mes derniers doutes sur cette relation à distance. J'ai envie d'y croire. Je ne rêve à présent que d'une chose, le rencontrer et que l'histoire commence vraiment.

Je le lui dis. On verra bien s'il se déballonne et s'il disparaît comme le racontent sur le Net des femmes échaudées. Mais non. Il vient me voir à plusieurs reprises et notre relation s'intensifie. Conquise, je lui présente mes amis des Mureaux, Guillaume... Ma fille l'appelle « le Prince du Ciel » parce qu'elle me voit sourire, et qu'elle m'entend chanter toute seule dans la maison.

Malgré les dix mille kilomètres qui nous séparent, le sentiment qui nous lie est fort et puissant. Il faudrait que je connaisse son pays à présent. Il n'y voit pas d'inconvénient, au contraire . « Je t'envoie un billet d'avion pour que tu viennes. Il faut que tu sois là pour qu'on choisisse une maison accessible. Je viens de vendre la mienne pour toi... »

Tout semble prêt pour que je le rejoigne en Afrique du Sud. Mais lorsque la date se précise, mon amoureux trouve une excuse de dernière minute pour annuler ma venue. Son travail, sa mère, sa santé...

Des excuses, des prétextes, il y en aura d'autres. Après onze mois d'attente, à court d'arguments, il coupe net notre relation. Et repart ainsi qu'il était venu : par écrit. La dernière lettre que je reçois de lui est une longue énumération de mes défauts qui ont fini par altérer « sa dévotion », comme il dit...

Mes défauts... il n'en avait jamais parlé avant !

J'ai aimé un homme qui en cachait un autre. Qui était-il vraiment? Par quels stratagèmes a-t-il réussi à me rendre aussi dépendante dans une relation quasi virtuelle? Et pourquoi avais-je à ce point envie d'y croire?

Je me sens blessée, perdue, un peu stupide de m'être ainsi laissé abuser.

Les jours suivants, en me promenant sur Facebook, je découvre qu'il a eu trois autres contacts sur le site de rencontres.

Que des filles en fauteuil roulant!

La vie des femmes qui travaillent et qui élèvent un enfant seule n'est pas une promenade de santé. Avec un handicap, tout est plus difficile. Bruno, qui est remonté à Paris pour être proche de sa fille, m'aide du mieux qu'il le peut, mais, malgré tout, ces premières années sont éprouvantes.

Avec ma mobilité réduite et l'appartement non adapté, chaque geste devient une épreuve sportive, un challenge d'équilibre, un véritable exploit! Installer Charline dans un siège auto relève du défi paralympique. Et je ne parle même pas de lui faire prendre sa douche! Pour atteindre le pommeau en hauteur et régler le thermostat, je dois me transférer du fauteuil à un tabouret. Dans l'espace étroit, il ne reste alors plus de place pour deux et je finis toujours trempée! Souvent, je perds l'équilibre, je m'énerve et ma fille pousse des hurlements. Un bonheur.

Charline bébé, la poussette, c'était moi. Lorsqu'elles nous croisaient dans la rue, les autres mamans nous saluaient d'un sourire complice. Une handicapée et son bambin chaudement blotti contre elle, l'image est belle. Sauf qu'un bébé porté toute la journée se transforme rapidement en un bébé « pot de colle ». Résultat : Charline réclamait sans cesse mes genoux comme d'autres réclament les bras.

Aujourd'hui, le caddie, c'est moi aussi. En l'absence de Bruno, les courses au supermarché sont ma hantise. J'ai toujours besoin d'aide pour pousser le caddie-fauteuil débordant de victuailles dont les trois quarts sont pour Charline. (Je découvre le volume du conditionnement des produits destinés aux enfants !) Ma puce sur les genoux, des litres d'eau et de lait au niveau des roues, des sacs pleins à craquer arrimés à l'arrière, c'est une caravane qui s'avance : moi, d'habitude si coquette, je ressemble à Zézette dans le film *Le Père Noël est une ordure,* avec ses fripes et ses frocs. Sans oublier le brushing à plat et les cernes sous les yeux !

Notre sortie sur les boulevards parisiens, pour montrer à Charline les décorations de Noël, demeurera gravée dans mon souvenir. Incapable de rouler en lui donnant la main, je la rabats sans cesse près de moi et suis tendue à l'extrême dès qu'elle s'éloigne de trente centimètres. La traversée du boulevard Haussmann dans le flot des passants a été un grand moment, comme si je fendais un fleuve à la nage ! Je craignais que Charline ne parte en courant, que je la perde dans la foule, qu'on ne l'écrase, ou qu'on me la kidnappe...

En cela, je suis bien comme toutes les mères : les pires scénarios, je les ai imaginés ! Autour de nous, les gens nous regardaient avec tendresse, prêts à intervenir pour m'aider. L'escapade s'est bien terminée, mais je dois avouer que je n'ai pas renouvelé l'opération.

« Maman, pourquoi tu es sur un fauteuil ? » Les premières questions de Charline sont arrivées vers l'âge de quatre ans. Aujourd'hui, c'est elle qui répond à ses petits camarades de classe : « Ma mère est tombée du ciel... » À la sortie de l'école, pour qu'elle ne se sente pas exclue, j'en plaisante souvent avec ses copines : «Je suis une maman à roulettes ! » Charline me protège, prête à bondir si quelqu'un me faisait de la peine. Si je l'écoutais, jamais nous ne nous décollerions. Alors, il faut lui expliquer certaines petites choses, ce qui me vaut une belle réplique d'enfant :

— Tu sais, ma chérie, parfois les moments de séparation sont nécessaires pour mieux se retrouver...

— Oui, maman, tu as raison, sinon je ne reconnaîtrais pas que je t'aime...

Si, à cette époque, on m'avait dit qu'en 2014, la loi d'accessibilité aux handicapés serait encore repoussée, je ne l'aurais pas cru ! En ville, je ressens toute l'hostilité des commerçants à accueillir les fauteuils. Voyant que je patiente à la porte de sa boutique rendue inaccessible par une haute marche, la patronne me fait un « non ! non ! » de la main. Tout de suite, je m'insurge en passant ma tête dans l'ouverture :

— COMMENT ÇA, NON??!! Je ne peux pas entrer dans votre magasin ?

Très gênée, une vendeuse vient m'aider à monter la marche, un flot d'excuses à la bouche :

— Pardon, on pensait que vous faisiez la quête !

— Non, je viens consommer ! C'est possible ?

Elle n'a rien répondu. Et elle a eu raison. Ensuite, j'ai pu faire mes courses, mais j'avais la rage au ventre. Toujours la double peine, l'humiliation.

Je ne m'habitue pas à l'injustice et à l'exclusion. Depuis plus de vingt ans, j'ai rencontré tant de personnes exceptionnelles, généreuses, supérieures dans leur manière de penser et de réagir, que je ne supporte plus la bêtise, la mesquinerie. Et je passe trop souvent d'un extrême à l'autre.

Je me souviens d'un hiver à Paris où la neige et le froid paralysaient la capitale. Un silence opaque avait envahi les rues, un tapis blanc ouatait les bruits de la circulation, des klaxons. Je n'avais pas pu sortir depuis trois jours. Comment circuler dans l'air glacial, sur les trottoirs encombrés et glissants, ou avec ma voiture dépourvue de pneus adéquats ? Le piège se refermait sur moi et, à la maison, le réfrigérateur, les placards étaient vides. Le téléphone s'était tu, lui aussi. Même mon aide occasionnelle ne pouvait venir jusqu'à moi, coincée dans sa banlieue.

Le soir du troisième jour, le téléphone sonne. C'est Renaud.

— Salut Dorine ! Vu le temps, je me demandais si tu avais besoin de quelque chose… Tu vas bien ?

— Oui, oui, Renaud ! Comme c'est gentil de me le proposer ! Je n'ai plus rien à manger et je n'ai pas mis le nez dehors depuis une éternité !

Renaud, c'est un copain, un vrai, un type avec un cœur en or ! Auvergnat comme moi, nous avons les mêmes paysages dans les yeux. Un accident de quad l'a mis dans un fauteuil à l'âge de quatorze ans. Enfant, il était déjà casse-cou et il porte toujours la trace de son nez brisé sur une balançoire. Mais, lui, rien ne l'arrête, jusqu'à ouvrir un magnifique restaurant « tout accessible » à Boulogne, un établissement chic et chaleureux, très prisé dans le quartier. Et, comme moi, il aime le ciel qu'il visite en paramoteur lorsque le temps le lui permet.

Une demi-heure après son appel, il klaxonne joyeusement devant la porte de mon garage. Timothée, son employé et ami, l'accompagne.

— Allez grimpe, on t'emmène dîner et faire un tour de *Paris by night* !

Timothée m'aide à m'asseoir à l'avant du pick-up et envoie d'un coup de rein mon fauteuil à l'arrière du véhicule.

— On ne risque pas de le perdre en route ? dis-je à Renaud, les yeux ronds.

— Mais non, t'inquiète, c'est comme ça que je transporte mon paramoteur, rigole mon ami.

La neige tombe drue et recouvre la voiture. Il fait nuit, les rues sont désertes. Paris d'habitude si bruyant a un visage étrange. Les lumières orangées des lampadaires noient la ville dans un léger brouillard. Les flocons ont revêtu les immeubles, les places, les pavés, d'un manteau scintillant. C'est Noël avant l'heure, et je m'attends chaque seconde à voir surgir un traîneau tiré par des rennes. Émerveillée, je ris et n'en finis pas de remercier mes sauveteurs.

Renaud roule doucement jusqu'à son restaurant et m'installe dans le coin le plus confortable de la salle. Ce soir-là, j'ai diné avec deux amis qui, ensuite, m'ont emmenée me balader sur les grandes artères de la capitale. J'avais l'impression d'être le matelot d'un navire silencieux qui avançait dans une cité oubliée aux habitants disparus depuis des siècles...

En novembre 2010, Séquences Clés Productions ouvre donc ses portes. C'est, en France, l'unique entreprise adaptée de productions audiovisuelles. Sa vocation est de remettre le pied à l'étrier des professionnels de l'image qu'un accident de la vie, un handicap ou une maladie a éloignés de l'emploi. De leur apporter les outils et l'écoute nécessaires pour reprendre leur activité après une interruption plus ou moins longue.

Une entreprise « adaptée », c'est avant tout une entreprise qui s'adapte au dépassement de soi et à la richesse de ceux qui la composent. Mais tous les secteurs professionnels ne devraient-ils pas faire la même chose ? Et ouvrir sans crainte leurs bureaux, leurs ateliers aux handicapés. Sans crainte et, surtout, sans idées préconçues.

« Les gens vont vers ceux qui leur ressemblent. Moi, au contraire, c'est la différence qui m'intéresse. Chez Schneider Electric, j'ai toujours recommandé de panacher les équipes. La diversité est notre richesse ! » s'était exclamé Henri Lachmann, quand je lui avais parlé de mon projet d'entreprise adaptée.

Henri, c'est mon ami, l'un de mes plus fidèles supporters et qui suit de loin mes batailles et mes défis. Ayant beaucoup œuvré pour la valorisation de la formation professionnelle à travers l'institut Télémaque, il connaît bien le sujet, sa bienveillance et ses conseils me sont précieux. « Aie confiance, tu as tout en toi pour réussir. Même avec ton handicap ! » me répète-t-il lorsque je lui confie mes doutes.

À Séquences Clés, je cherche mes marques, et parfois je m'essouffle. « Ne te décourage pas, de beaux projets arrivent... », me dit gentiment Marie-France, notre chef monteuse. Elle a raison : la magie revient avec un projet lié à l'aviation.

Je suis chargée de la coordination et du suivi d'un film pour la Fondation Antoine de Saint-Exupéry pour la jeunesse, qui a pour mission de promouvoir l'édition tactile des illustrations du *Petit Prince* destinée aux personnes déficientes visuelles.

Le Petit Prince est un livre fondateur pour de nombreux non-voyants dans l'apprentissage du braille. Sauf que les élèves ignorent que des dessins accompagnent l'œuvre. Il eût été dommage de les en priver plus longtemps.

Un week-end, je croise Nicolas Delsalle au musée de l'Air du Bourget. D'abord, il ne me reconnaît pas. Et pour cause, je suis dans ma période « blonde » ! Mais une paraplégique qui navigue comme un poisson dans l'eau dans les allées du musée et fait la bise toutes les cinq minutes, il n'y en a qu'une !

Lui n'a pas changé. Ému, il me rappelle que je l'avais emmené pour son baptême de l'air, quinze ans plus tôt. Après sept ans passés à Singapour, il est devenu secrétaire général de la Fondation Antoine de Saint-Exupéry pour la jeunesse, œuvrant à la transmission des valeurs du plus célèbre des pilotes écrivains.

De nos retrouvailles, est né le projet pour Séquences Clés. Je me repose alors sur le savoir-faire d'un grand réalisateur, Pierre Schumacher, un habitué des terrains d'aviation. Sa culture et ses références littéraires sont époustouflantes et il trouve immédiatement le titre du film : *Un rêve au bout des doigts.* Marie-France sera aux manettes de la table de montage. J'ai toute confiance en sa sensibilité et en son talent.

Les premières images du film sont très fortes. Les mots d'Antoine de Saint-Exupéry résonnent dans le noir : « On ne voit bien qu'avec le cœur, l'essentiel est invisible pour les yeux. » Dans les nuages, le visage d'Aziz apparaît. Aziz Zogaghi est comédien, aveugle de naissance. Nicolas souffle à

Pierre l'idée d'une rencontre entre un pilote d'élite de l'armée de l'air française et Aziz, autour d'un Rafale qui justement porte, sur sa dérive, la silhouette du Petit Prince.

« La similitude entre le toucher du non-voyant pour imaginer les dessins et celui du pilote pour piloter son avion me semble un dénominateur commun entre les deux personnages », précise Pierre. Ce sera un concept clé dans le film. Tout comme, en conclusion, l'amicale poignée de main entre le pilote et le porteur d'une canne blanche.

Séduit par le projet, le colonel Jean-Pascal Breton, chef du Sirpa-Air, met à notre disposition deux avions de la base de Saint-Dizier pour les besoins du tournage. Le capitaine Mickaël Brocard sera aux commandes du Rafale. Aziz fait le tour de l'appareil, en caressant ses lignes de la pulpe de ses doigts, guidé par la voix souriante de Mika. L'échange est bouleversant. Puis au moment de grimper dans l'avion, les yeux tendres et rieurs du pilote changent, son regard se concentre sur sa mission. Mika se métamorphose en pilote d'exception et s'envole.

En deux jours, les images sont dans la boîte. Deux jours qui resteront gravés dans la mémoire d'Aziz : « Nous étions tous portés par la magie des phrases du *Petit Prince*. Les lire, à petits murmures, du bout des doigts, les a sublimées. »

Le film est un succès. Nicolas me propose de rejoindre le Comité de parrainage de la Fondation Antoine de Saint-Exupéry pour la jeunesse.

Au-dessus des nuages...

Cueillie à l'adolescence, j'ai senti l'odeur de la mort. La vie devient précieuse quand on la sait vulnérable. Antoine de Saint-Exupéry, grand aviateur de la ligne Latécoère et pilote de guerre, connaissait la fragilité de la vie. Son œuvre exprime toute la force et la joie que contient cette fragilité, et cette énergie qui permet, même aux assis, de relever des défis ambitieux.

Des Amazones en Guyane

Ce jour-là, il fait frais à Paris. Le mois de juin s'annonce morose. J'aurais pourtant tellement besoin de soleil. Je viens à peine de démonter mon fauteuil et de m'installer dans ma voiture que mon portable sonne. Gaby ! Je l'aime bien, Gaby, il travaille sur le même palier que moi et je l'ai rencontré devant la machine à café. On se croise une ou deux fois par jour.

— Hé, Dorine ! Où es-tu ? me demande-t-il, plein d'entrain, ça te dirait de partir en Guyane dans cinq mois ?

Gaby me raconte alors qu'il reçoit en ce moment dans son bureau deux jeunes femmes qui cherchent de l'aide pour la dixième édition du raid L'Arbre Vert Amazones, une expédition de cinq jours, non motorisée, avec des équipes de trois exclusivement féminines. Les filles y ont déjà participé, mais, cette fois, elles voudraient en faire profiter quelqu'un qui peut paraître atypique pour ce genre d'expédition. Il a immédiatement pensé à moi.

— J'allais partir, Gaby. Je remonte !

Les mots « Amazones », « Guyane » m'ont donné le frisson. Toujours partante pour vivre l'aventure ! Ni une ni deux, je ressors mon fauteuil et rejoins la petite troupe dans le bureau de Gaby. Deux ravissantes jeunes femmes m'accueillent avec le sourire. Entre Céline, Annie-Léa et moi, c'est un grand coup de foudre amical. Elles me parlent du raid, créé par Bruno Pomart et Alexandre Debanne :

— C'est une formidable occasion de découvrir un pays hors des sentiers battus. L'entraide entre nanas, le dépassement de soi, une ambiance du tonnerre, tu vas adorer !

Je les regarde, elles sont pleines de santé, moi je suis toute maigrichonne et je n'ai pas l'entraînement pour suivre. Le sport, je l'ai arrêté il y a bien longtemps. Et quelles seront les épreuves ? Principalement du VTT, du canoë et du treck, mais aussi du tir à l'arc. Hormis courir dans la jungle, je devrais pouvoir participer à toutes les épreuves. Mais, avant, il faut que je me muscle !

Gaby me rassure en me disant qu'il va trouver une salle de gym où nous pourrons nous entraîner. On regarde des vidéos des précédentes éditions, les images sont sublimes, colorées, des paysages à couper le souffle. On s'enthousiasme, on s'y voit déjà, je me laisse tenter.

Céline commence à établir la liste des équipements qui me seront nécessaires : un VTT à pédalier manuel, un siège spécial pour me maintenir dans le canoë.

J'ajoute :

— Et un bon coussin en mousse pour les fesses car je risque aussi d'attraper des escarres.

— Le plus compliqué, dit Céline, ce sera sur le campement, car on dort dans des tentes. Mais on sera là pour t'aider, te porter...

Le campement ? Qu'est-ce qu'elle entend par là ? Tout à coup, je m'inquiète : quelle est la nature du sol ? Dort-on à même la terre ? Comment fera-t-on pour les douches ? Les toilettes seront-elles accessibles ? Et mon fauteuil, ne risque-t-il pas de s'abîmer dans le raid ? Ça coûte cher, et je n'en ai qu'un...

— Ne t'inquiète pas, répond Céline en riant sous l'avalanche de questions, on va bétonner le truc et tu vas vivre une expérience comme tu n'imagines pas !

Je les regarde toutes les deux, surprise par tant de générosité. J'ai rarement eu l'occasion de partir en voyage et, là, je sens le sel de l'aventure. Je les suivrais au bout du monde.

On passe en revue les points les plus importants, le financement, l'entraînement, les équipements, l'aspect médical, les risques, l'environnement. À chaque question, ou presque, on a une réponse, que Céline ponctue par un « Ça, c'est fait ! ». Ce serait un joli nom pour notre équipe : « C'est fait ! »

Je rentre chez moi heureuse et enthousiaste. Bruno m'attend avec Charline. Ils voient immédiatement mon air réjoui :

— Dans cinq mois, je pars en Guyane ! Bruno, est-ce que tu pourras garder Charline pendant une semaine ?

Bruno est emballé et, en même temps, il se jette sur l'ordinateur pour voir quelles sont les petites (et grosses) bébêtes qui pourraient me manger en Guyane : caïmans, mygales, grenouilles venimeuses, serpents, moustiques... La liste est longue et terrifie Charline. Mais ce qui l'inquiète par-dessus tout, c'est de savoir que je dois prendre l'avion pour traverser l'océan. Elle veut protéger sa maman.

— Vas-y, mais en bateau, pas en avion !...

Toujours cette peur du crash qui ne l'a pas quittée...

Pour la rassurer je lui présente Annie-Léa et Céline et le feeling passe immédiatement. À présent, il faut qu'on s'active et qu'on s'organise...

Quelques jours plus tard, dîner sur les Champs-Élysées avec Alexandre Debanne, l'organisateur du raid, et toute l'équipe. Les filles se sont faites belles pour rencontrer la star du petit écran, qui confirme son accord pour ma participation. « En revanche, je ne peux pas vous garantir qu'on pourra adapter le parcours à Dorine, c'est pourquoi vous devez emmener avec vous un pompier en appui. Il sera le garant du bon déroulement et de votre sécurité car l'organisation ne peut prendre en charge ce besoin spécifique », précise Alexandre. J'apprécie sa franchise mais ne connaissant pas de pompier, je ne vois pas comment résoudre la question. Céline, elle, sait à qui s'adresser. Ouf.

En attendant de trouver une salle de sport pour nous accueillir, chacune commence son entraînement de son côté. Moi, je roule en fauteuil autour de l'hippodrome de Longchamp au milieu des cyclistes étonnés de voir une paraplégique tourner en rond.

Gaby nous emmène au Club Med Gym de la porte Maillot et nous rencontrons Patrick Tilagone : ancien athlète de haut niveau, il sait comment doser nos entraînements pour acquérir force et endurance. Chaque exercice est adapté et conçu dans un but précis : il me fait pédaler manuellement et soulever des poids. Et les progrès sont spectaculaires : à raison de trois séances par semaine, je gagne en muscles et en confiance.

Guy Genin, un athlète renommé dans le milieu paralympique, sera lui aussi mon entraîneur. Chaque dimanche, nous nous retrouvons dans sa maison près de Fontainebleau. Il possède quatre handbikes et les filles nous suivent dans nos virées, ravies de pédaler avec leurs bras, même si l'exercice paraît plus simple qu'il n'est. Ici, c'est tout le haut du corps qui est sollicité. On travaille le rythme cardiaque et les muscles autour du cœur et des poumons. Pour ce qui me concerne, je dois surtout apprendre à trouver mon équilibre pour les virages. Là, encore, je progresse rapidement.

Le paquetage sera lourd. La société GO Sport nous fournit des lots complets de vêtements et m'offre un handbike flambant neuf. Il y a un matelas antiescarres, un kit complet de survie, des tentes... mais pas de fauteuil de rechange.

Dix jours avant le départ, je chute du vélo et me blesse à un pied. Une blessure ouverte : pour le médecin, c'est sans appel. Interdiction absolue d'être en contact avec l'eau infestée de microbes en Guyane. Les doutes m'assaillent. Si je ne suis pas autorisée à monter en canoë, il ne restera que deux épreuves de VTT. Le jeu en vaut-il vraiment la chandelle ?

Je suis sur le point d'annuler ma participation, mais les filles me raisonnent : on ne peut plus faire marche arrière, les sponsors nous font confiance, on est obligé d'y aller. Tant pis pour les résultats, ce qui compte, c'est de participer.

En renfort, Alexandre Debanne offre alors une place à une ancienne concurrente qui ne pouvait pas partir faute de financement. Notre équipe se retrouve donc à cinq au lieu de trois : Annie-Léa, Céline, Stéphanie, Vincent (le pompier) et moi !

La veille du départ, Annie-Léa vient chez moi. Assises par terre, on prépare ma valise, en essayant de ne rien oublier. La Guyane étant très humide, il s'agit de mettre dans des petits sacs plastique nos tenues quotidiennes en fonction de l'épreuve : une culotte, un jogging ou un short, un tee-shirt. Sans oublier une tenue élégante pour la soirée de clôture... et quelques « tops » que l'on « customise » à grands coups de ciseaux pour mettre en valeur nos décolletés ! Le matin, on se lèvera aux aurores et on aura cinq minutes pour se préparer, autant dire qu'il faut être efficace : un sac/une tenue.

C'est parti pour l'aventure ! Avant de me coucher, je colle des post-it un peu partout dans l'appartement pour Charline : dans la salle de bains, *Brosse-toi bien les dents*; sur les placards de la cuisine, *Ne mange pas trop de bonbons*; sur le frigo, *Prends un bon petit déjeuner.* Et, surtout, des petits mots d'amour cachés un peu partout dans sa chambre, sous son oreiller et sur la porte d'entrée...

21 novembre 2011. Bruno est arrivé à l'aube à la maison. Je fais un gros câlin à Charline. Annie-Léa m'attend en bas en voiture, son mari au volant, nous démarrons et... nous retrouvons bloqués dans les embouteillages parisiens. Ils vont tous en Guyane ou quoi ! On a expédié le handbike et tout l'équipement une semaine plus tôt. Nos grosses valises sont pleines à craquer. J'espère que je n'ai rien oublié. « Tu as pris ton maillot de bain, ma chérie ? » me demande Annie-Léa. Je n'ai pas l'intention de me baigner à cause de ma blessure, mais, pour la bronzette, cela peut toujours servir.

Quelques jours auparavant, j'ai prévenu Gilles Logelin, un copain contrôleur aérien qui s'est installé à Cayenne il y a cinq ans, en lui indiquant notre numéro de vol. Il me promet d'être à l'aéroport pour nous accueillir !

Orly. Deux cent vingt-cinq filles qui enregistrent sur le vol Air Caraïbes TX 570 à destination de Cayenne, forcément, ça se remarque D'autant que certaines sont de véritables beautés, Miss France, Miss Loire, des jolies filles de la télé vision... Et des femmes chefs d'entreprise ou occupant des postes à responsabilité, toutes ayant un point commun : l'amour du sport et de l'aventure. Beaucoup d'entre elles ont déjà participé aux Raids Amazones, et ces retrouvailles annuelles sont l'occasion de grandes embrassades et d'exclamations joyeuses.

Passeport, certificat de vaccination contre la fièvre jaune, rien ne manque, chacun a bien respecté les consignes.

12 h 50. L'avion décolle pour neuf heures de vol. Denis Brogniart, parrain de ce dixième raid Amazones vient passer quelques jours avec nous. L'animateur de Koh-Lanta raffole de ce genre d'expédition et il est aussi impatient que nous, d'autant que la Guyane, il n'y est jamais allé.

Atterrissage à Cayenne : vingt-neuf degrés, 75 % d'humidité. Ça plombe !

Gilles est au pied de l'avion comme il me l'avait dit. Je me jette dans ses bras, si heureuse de ces retrouvailles. Il n'a pas changé, toujours ce grand sourire qui ne le quitte pas. Il montre son badge et nous passons rapidement les contrôles d'arrivée. Je découvre qu'ici Gilles est une vraie personnalité, respectée et appréciée de tous.

C'est dans son pick-up que nous rejoindrons, à Sinnamary, l'Hôtel du Fleuve, situé à une heure et demie de là. J'embarque avec Annie-Léa tandis que les autres prennent le bus. La chaleur est accablante. Les routes sont d'immenses lignes droites qui s'étendent à perte de vue. Sur le bas-côté, des grappes colorées se détachent sur le fond vert. Ce sont des enfants qui marchent par petits groupes, nu-pieds et les vêtements déchirés. Ils rentrent chez eux après l'école, dans des maisons en planches qui se confondent avec la végétation, au milieu de nulle part. Il y a un tel écart avec notre niveau de vie que j'ai du mal à réaliser que nous sommes en France...

Nous arrivons les premières à l'hôtel. Demain, notre groupe aura droit à une maisonnette de quinze mètres carrés avec une vraie salle de bains. Immense privilège ! Nous serons tous les cinq, les filles dans deux lits superposés et Vincent par terre. Ici, il faut s'adapter et mettre sa pudeur de côté. « Votre campement se situe dans une zone à haut risque de paludisme, prévient Gilles. N'oubliez pas de mettre les moustiquaires ! »

Justement, on entend comme un essaim d'abeilles dans le hall de l'hôtel : ce sont toutes les filles qui arrivent en même temps ! Rendez-vous plus tard près du fleuve, pour la photo des équipages. Une rumeur se répand qu'un caïman se cache près de là. Des frissons me parcourent le dos et je scrute le bord du fleuve pour essayer d'apercevoir la bête.

Michel Leuthy, le sponsor du raid, vient à ma rencontre. Derrière le succès d'un homme se cache souvent une femme. La sienne s'appelle Laurence. Tous deux sont heureux d'accueillir une participante en fauteuil roulant, d'autant qu'une histoire nous lie, Michel et moi : il s'est crashé en hélicoptère, il y a quelques années, et a échappé au fauteuil roulant de justesse. Lorsqu'il m'en reparle, l'émotion remplit ses yeux.

Après un bon petit rhum et un dîner au bord de la piscine, des filles se jettent à l'eau tout habillées, excitées par l'aventure qui les attend. Moi aussi, je piquerais bien une tête, mais je reste au bord, envieuse de leur plaisir. « Allez, viens ! Profite ! » me crie Céline. Le temps que je réagisse, elle me balance dans la flotte. Dieu que ça fait du bien ! La nuit passée dans l'avion, recroquevillée pour trouver la bonne position, a été éprouvante. Détendre mes jambes, les muscles du dos, les bras est un pur délice !

Le lendemain, les soixante-quinze équipes de filles ont rendez-vous avec les six médecins qui nous assisteront pendant la course. Le docteur Frederick Beck évoque la faune plus ou moins sympathique que l'on croise parfois en Guyane, les anacondas, les fourmis et les moustiques. Sans oublier les mygales et la fameuse matoutou, une araignée sauteuse qui peut atteindre vingt centimètres de diamètre, « mais qui n'est pas dangereuse ! » précise-t-il.

— Fermez bien votre sac à dos, ne sortez pas du chemin même pour un besoin pressant, regardez bien à l'intérieur de vos chaussures avant de les enfiler, et tout ira bien !

On nous informe que le bivouac se situe à deux pas de l'embouchure du fleuve Maroni, et qu'il a été installé sur une plage.

— Sur du sable ? Mais comment vais-je faire ? dis-je, sidérée.

— Ne t'inquiète pas, me dit Vincent, je suis là pour t'aider.

Je ne veux pas m'angoisser, mais s'il faut dépendre de quelqu'un pour le moindre de mes déplacements, mon beau rêve risque d'être gâché. Je serais dans un club du troisième âge pour jouer au bridge ou aux dames, pourquoi pas, mais là, au milieu des sportives, je ne veux pas rester en plan !

En début d'après-midi, on embarque dans des bus, direction le campement. Céline et Stéphanie prennent le micro et chantent pendant tout le voyage, tapant des pieds si fort sur le plancher qu'elles pourraient passer à travers. Moi, je regarde le paysage défiler sous mes yeux, et je pense au sable qui va gripper les rouages de cette belle aventure...

C'est vrai que le campement est magnifique. Une petite ville s'est organisée avec un coin repas, une infirmerie. Les organisateurs sont là depuis une semaine, tout est prêt pour nous accueillir. Et pourtant, la galère commence. Pire encore. Le sable n'est pas fin comme on l'imagine sur des plages paradisiaques, non, c'est un gros grain plein de sel qui me brûle les mains à la première manœuvre ! Vincent, au secours ! Il vient à ma rescousse, mais on s'enfonce, il ne peut même pas pousser le fauteuil, il est obligé de le tirer en marche arrière et de se faire aider tant on s'enlise. Le sable se faufile partout dans les rayons, j'observe avec horreur les rouages des petites roues à l'avant, le sel qui attaque le métal et bloque tout. Je ne dis rien mais, à l'intérieur, je fulmine. Six jours de ce régime et je n'aurai plus de fauteuil !

Arrivés à notre logement, Annie-Léa me rassure. Au moins, c'est confortable, il y a un lit, une salle de bains et même un miroir, un luxe dans la jungle. Je resterai là les après-midi, pendant que les filles se baladeront, iront se baigner... Je sens que je vais beaucoup m'ennuyer ! « Les épreuves ont lieu le matin, ensuite on sera avec toi, on ne te laissera pas seule... », me répète Annie-Léa.

Le soir, c'est le grand briefing avec Alexandre Debanne. Les filles applaudissent, charmées par le bel aventurier aux allures d'Indiana Jones. Il rappelle à son fan club l'esprit du raid : « Aller au bout de soi-même grâce à des épreuves sportives. » Il aurait dû insister davantage sur l'entraide et la générosité. Certes, le fauteuil est difficilement compatible avec les différentes épreuves, mais la remarque d'une des participantes le lendemain sur la ligne de départ me blesse. « Qu'est-ce que vous faites là, vous n'avez pas votre place ici ! » me jette-t-elle. Elle a un physique de guerrière, musclée et sévère comme le ton de sa voix.

Je n'en reviens pas. Quelle méchanceté ! Comme si le privilège qu'on m'accorde ici me faisait oublier ma condition. Comme si ma position était enviable et qu'on pût me jalouser ! L'envie me vient de lui casser les jambes pour qu'elle en profite, elle aussi ! Allez, du calme, Dorine, ça ne sert à rien de s'énerver. Il fait beau. Respire.

Le directeur de la course, Gil Mention, présente le détail des premières réjouissances. Il vient me voir en me promettant qu'il sera toujours là en cas de besoin. Gentiment, il m'explique qu'il leur était impossible d'adapter le parcours en fonction de moi. D'où la présence de Vincent, le pompier. D'ailleurs, où est-il passé, mon aide de camp ? « Vincent ! Vincent ! » Ça y est, il est parti avec les filles...

Le lendemain, le camp s'éveille à l'aube. À 8 heures, Alexandre Debanne donne le départ officiel, avec deux consignes fondamentales : se méfier des risques de déshydratation et respecter l'environnement.

La journée commence par cinq kilomètres de course à pied. Une seule fille par équipe, la première moitié du parcours en forêt, puis deux kilomètres et demi sous un soleil de plomb. Celle qui court rejoint ses deux coéquipières à la crique Margot, pour une épreuve de dix-huit kilomètres en canoë, dans ce bras de rivière au cœur de la jungle amazonienne. Un parcours fabuleux au milieu de la végétation luxuriante, et des cris de singe.

Chez nous, c'est Céline qui a été désignée pour débuter la course. Je me place sur la ligne de départ entre elle et Vincent, main dans la main. Au top de départ, j'avance de quelques mètres, puis la laisse filer devant. Vincent l'accompagne un peu et nous rebroussons chemin.

Une fois toutes les filles parties, Alexandre Debanne vient vers moi.

— J'ai une surprise pour toi, tu me suis ?

Je m'avance sur la route en terre battue avec Vincent et, derrière les arbres, on aperçoit une clairière où se trouve... un hélico ! Je n'en crois pas mes yeux.

— Ça te dit un petit tour ? me demande Alexandre.

— Bien sûr, ce serait le rêve !

— Alors, on y va !

Vincent me porte dans l'appareil, et monte à mes côtés. Il est fou de joie ! Je lui montre comment brancher le casque pour la radio et on s'envole. Quelles sensations merveilleuses de décoller à la verticale ! L'hélico prend de la vitesse au-dessus de la forêt amazonienne qui défile sous nos pieds à perte de vue. Les cimes des arbres ont la forme de brocolis et une légère brume les recouvre par endroits comme un chapeau en gouttes d'eau. C'est d'une beauté à couper le souffle. (Je me demande où on se poserait en cas de panne moteur !) Le pilote s'amuse à suivre le relief pour nous faire éprouver les sensations de vol à basse altitude, puis il s'arrête, fait du surplace, et enchaîne par un magnifique demi-tour qui porte l'hélico sur la tranche pour repartir de plus belle dans l'autre sens.

Tandis que les filles partent à la découverte de la région, je m'écroule sur mon lit. La chaleur m'assomme. Vincent m'apporte gentiment une assiette poulet-boulgour que je prends avec Annie-Léa à l'ombre de notre terrasse.

Petit à petit, le campement trouve son rythme. Les filles s'organisent, lavent leurs petites affaires et les étendent au soleil, autour des tentes; les anciennes ont même pensé à prendre du fil à linge. Ça grouille, ça s'agite, ça rit. Certaines concurrentes profitent de notre salle de bains, très convoitée, et viennent discuter avec moi : toutes ont un parcours atypique ou une passion qu'elles me font partager. Finalement, je ne suis jamais seule et ça, ça me fait du bien.

Le soir, une surprise nous attend. Alexandre a fait installer un écran géant pour diffuser les films des années précédentes et, après le repas, il lance avec Stéphanie un concours Just Dance avec la Wii. C'est très drôle, tout le monde l'amuse! Bloquée dans le sable, je peux quand même bouger le haut du corps et retrouver le plaisir de danser sur des tubes électro, les mêmes que j'entends dans ma voiture, sur ma station de radio préférée...

Le lendemain, j'entre en action et me présente sur la ligne de départ de l'épreuve de VTT sous les ovations des autres concurrentes. Face à nous, un parcours de quarante-six kilomètres tracé sur la mythique route des chercheurs d'or, une magnifique piste en latérite avec une succession de montées et de descentes.

J'avance en m'efforçant de tenir la cadence, mais je dois me rendre à l'évidence : on va beaucoup moins vite en pédalant avec les bras qu'avec les jambes. Les filles de l'équipe m'attendent et se font doubler par les autres concurrentes, mais, après tout, on est là pour le plaisir.

Tout à coup, au détour d'un virage, se dresse devant nous une côte très raide. Je me tourne vers Céline. « Vous avez vu ça ? » Sans perdre de temps, avec Vincent, elle met en place une stratégie. Ils vont prendre de l'avance, poser les vélos et revenir ensuite vers moi pour me pousser à tour de rôle. Céline a le visage rougi par l'effort, mais je l'accompagne en pédalant. Vincent, lui, court tellement vite que je n'ai plus besoin de pédaler. Rapidement, cela me frustre : « Vincent, tu me pousses trop, je n'ai plus rien à faire ! »

Nous avançons très lentement et notre retard s'accumule. Au bout d'une heure, je décide de m'arrêter à un point de ravitaillement et de laisser Céline et Vincent aller jusqu'au bout.

Ruby, un des organisateurs qui suit la course à vélo pour s'assurer de son bon déroulement, m'aide à la terminer. Sur son vélo, derrière ou à côté de moi, il trouve le tempo en me poussant assez pour que j'avance tout en fournissant quand même ma dose d'efforts. Je prends un réel plaisir à la course. Dans les descentes, on rit de bon cœur et on prend notre élan lorsqu'il s'agit d'attaquer la nouvelle pente. Bientôt, on aperçoit la ligne d'arrivée.

Le troisième jour, la chaleur me semble plus accablante que jamais. Prise de vertiges, je cherche le moindre coin d'ombre. Aujourd'hui, les filles devront courir en pleine jungle. Ma prochaine épreuve de VTT n'a lieu que le lendemain. Je ne suis pas fâchée d'avoir « quartier libre ». Et j'attends Gilles avec impatience : il a promis de m'emmener visiter la région.

Dans le bus qui conduit les équipes à l'épreuve de trek, je suis témoin d'une scène hilarante : après quelques kilomètres, les concurrentes demandent à faire une pause pipi. Alignées en rang d'oignons le long du bus, cinquante filles s'accroupissent, leurs petites fesses à l'air. J'ignore si le chauffeur a regardé dans son rétroviseur, mais il se tenait les côtes de rire.

La course en forêt amazonienne n'a pas déçu les participantes : un vrai parcours du combattant, avec des passages en rivière et de la boue jusqu'à la taille, des troncs d'arbres glissants à franchir, et toujours les cris des singes hurleurs et des oiseaux, dans les odeurs humides de la forêt.

Le soir, j'apprends qu'une concurrente a été hospitalisée pour cause de déshydratation sévère. À son retour, elle monte sur l'estrade en pleurs pour prendre la parole et expliquer que, pour elle, la course est désormais terminée. Tiens, comme on se retrouve ! C'est elle qui m'avait malmenée sur la ligne de départ avec son : « Vous n'avez rien à faire là ! » Je n'arrive pas à la regarder dans les yeux. Laquelle de nous deux est la plus handicapée ce soir ?

C'est ma seconde et dernière épreuve. Au programme de ce samedi : un triathlon qui débute avec un parcours de vingt kilomètres à VTT dans le ranch Terre Rouge. Quand, quelques mètres après le départ, on s'aperçoit qu'il va falloir rouler dans le sable, je me décourage instantanément. «J'ai une idée!» lance Céline, toujours hyperréactive. Cette boule d'énergie sort une corde et l'attache à mon vélo. Ainsi on fera tout le parcours en pédalant dans une parfaite symbiose.

L'idée est excellente : on avance ensemble, on crie, on chante, on s'émerveille des paysages et de la faune exceptionnelle peuplant ce domaine de trente hectares aux faux airs de savane africaine avec des buffles qui se baignent dans les canaux, des petits caïmans, et de grands oiseaux blancs qui me font penser à des anges dans le ciel.

Ma blessure au pied m'a empêchée de participer comme j'aurais voulu à ce raid, mais je dois avouer que cette épreuve aura été la plus belle. Les paysages étaient somptueux. Sans mes amies, jamais je n'aurais pu en voir de si beaux.

Aujourd'hui, j'ai écrit un mot d'absence à Alexandre Debanne, et fait l'école buissonnière! Pendant que les filles pagayent dans les eaux marron de la rivière Acarouany, Gilles est venu me chercher en pick-up pour aller visiter le village d'Awala Yalimapo et me présenter à ses hôtes qui m'invitent à déjeuner. «Nous sommes ici chez le chef du village et c'est un honneur pour nous de pénétrer en ces lieux », m'explique Gilles. Impossible de refuser le verre de Cachiri, une boisson traditionnelle fabriquée à partir de pâte de manioc. Je goûte du bout des lèvres, puis repose mon verre.

Au repas, on me présente un morceau d'acoupa, le poisson local... avec une belle assiette de manioc ! « Vous n'en avez jamais mangé ? Ici c'est le plat principal, on en cuisine à chaque repas... », m'explique l'épouse.

Je porte ma fourchette aux lèvres. J'ai l'impression que tous les regards sont fixés sur moi dans l'attente du verdict. J'essaie de sourire, mais j'ai du mal à cacher ma déception. C'est infect. Je laisse le manioc sur le côté de l'assiette et m'attaque au poisson. Rien à faire. Gilles comprend la situation, mais il serait très impoli de manger si peu. Malgré mes efforts, je n'y parviens pas et je prétexte la chaleur, la fatigue...

Gilles détourne habilement le problème en me proposant de m'allonger dans un hamac qu'a tissé la femme. Je tente de me rattraper comme je peux en m'émerveillant du confort de cette couche si originale, de ce travail minutieux... Bientôt, mon ami se lève. Il est temps de partir. Je remercie chaleureusement mes hôtes qui n'ont pas l'air trop fâchés, puisque le chef du village me salue, malgré tout.

Nous roulons vers Javouhey, un village situé à quelques kilomètres de là. Aujourd'hui, c'est jour de marché et les couleurs explosent sur les étals, des bananes jaunes, vertes ou rouges, des haricots kilomètres, des noix de coco, des ananas, du concombre piquant et des piments multicolores... Des paysans se sont regroupés autour d'une grande table pour déjeuner.

« Mmmm, ça me donne faim ! » dis-je à Gilles qui rit en levant les yeux au ciel. Pour moi, il commande un délicieux jus de prune et une soupe hmong accompagnée de nems frais et croquants... « Tu vois, je ne suis pas si difficile, finalement ! »

Ensuite, il est temps de rentrer au bivouac car, ici, la nuit tombe rapidement.

Pour ma dernière journée en Guyane, j'attendais avec une légère crainte la visite du célèbre bagne. Après une petite heure en mer en compagnie des dauphins, la silhouette de l'archipel du Salut nous apparaît, ainsi que celle du sinistre bâtiment. Nous passons de la lumière à l'ombre et mon cœur se serre à la vision de certaines cellules si petites que les prisonniers punis ne pouvaient ni s'allonger ni se tenir debout. Cette torture de ne pouvoir étendre son corps, je l'ai ressentie dans mes membres. Sans comparer ce qui ne peut l'être, je connais la douleur d'être plié en deux.

En longeant les murs gris, je ne peux m'empêcher de penser aux vers de William Ernest Henley qui illustrent la vie de Nelson Mandela dans le film *Invictus* :

Dans les ténèbres qui m'enserrent
Noires comme un puits où l'on se noie

Je rends grâce aux dieux, quels qu'ils soient
Pour mon âme invincible et fière.
Dans de cruelles circonstances
Je n'ai ni gémi ni pleuré
Meurtri par cette existence
Je suis debout, bien que blessé.
En ce lieu de colère et de pleurs
Se profile l'ombre de la Mort
Je ne sais ce que me réserve le sort
Mais je suis, et je resterai sans peur.
Aussi étroit soit le chemin
Nombreux, les châtiments infâmes
Je suis le maître de mon destin
Je suis le capitaine de mon âme.

L'herbe a poussé entre les pierres, ici et là ; le soleil a pénétré les interstices, pourtant, il semble que l'âme des esclaves n'ait jamais quitté ces effroyables lieux.

La visite du Centre spatial guyanais, la fameuse base de Kourou, me ramène à l'univers que j'aime. Après avoir vu la salle Jupiter, la salle de contrôle des différents lanceurs de satellites de communication, et des fusées Ariane 5, Soyouz et Vega, nous nous rendons sur les pas de tir des lanceurs. Je suis impatiente de monter dans le bus, mais l'une des responsables sur le site m'arrête d'un ton sec :

— Ah, non, pour des raisons de sécurité, vous devez patienter ici ! L'accès au pas de tir est interdit aux PMR ! [« Personnes à mobilité réduite », c'est notre petit nom.] En cas d'explosion, vous ne pourriez pas évacuer rapidement...

— Qu'est-ce que vous me racontez? lui dis-je, exaspérée. En cas d'explosion, on crame toutes comme des allumettes, madame!

Elle n'en démord pas. Est-ce la chaleur qui met mes nerfs à vif, soudain, je m'emporte :

— On ne m'a jamais fait un coup pareil!

Alexandre Debanne s'en mêle. Il n'a pas anticipé la situation et le regrette. Coups de fil, négociations. Finalement, on reçoit le feu vert. Un peu plus loin, la femme semble confuse.

— Vous savez, je ne faisais que suivre le règlement...

— Des freins, j'en rencontre tous les jours, alors..., je ne vous en veux pas, madame, lui dis-je pour excuser mon coup de sang.

Le raid touche à sa fin. Nous repartons vers l'Hôtel du Fleuve, là où tout a commencé, à Sinnamary, pour notre dernière soirée. Sur le chemin du retour, le bus est arrêté par deux jeunes agents. Contrôle de police. Ils montent à bord accueillis par les rires des filles. Je n'ai jamais vu des policiers si décontractés. Et pour cause, eux aussi sont un peu en vacances : en métropole, ils sont chargés de la circulation, porte Maillot!

Gilles m'a concocté une dernière surprise. Il a réservé un petit Cessna à l'aéro-club de Cayenne-Matoury. Je propose à Annie-Léa de m'accompagner. Nous survolons le fleuve Maroni, l'océan, la plage. De grands oiseaux rouges strient le ciel à larges coups d'aile. Annie-Léa est enthousiasmée. Elle ne sait pas encore que le jour où je l'emmènerai à l'aéro-club Paul-Louis-Weiller, elle éprouvera un véritable coup de foudre et décidera d'apprendre à piloter.

Quelques mois plus tard, à l'initiative d'Annie-Léa, les filles du raid me font un immense cadeau. Elles se sont regroupées pour m'offrir un fauteuil flambant neuf! Le mien était cuit, les rouages complètement rongés par le sel. Il n'a pas aimé le voyage, moi, si, et j'ai encore dans les yeux la beauté de cette contrée qui m'est un peu moins mystérieuse aujourd'hui...

L'appel du ciel

Pour rien au monde, je ne déclinerais l'invitation au tour aérien Rêves de gosse : chaque année, pendant dix jours, une caravane d'avions et de pilotes offre des baptêmes de l'air à des enfants défavorisés des quatre coins de France. Rêves de gosse, c'est une fête immense, avec des chants, des danses, des clowns fantastiques, des bonbons et des gâteaux comme s'il en pleuvait, des jeux, des rencontres, un magnifique lâcher de ballons multicolores en fin de journée, qui emportent les messages et les dessins des enfants.

Pour eux, la fête s'est dotée d'un maître de cérémonie irrésistible, José Garcia, pilote confirmé et parrain de l'association Les Chevaliers du ciel qui attire à lui les petits et les grands. Ému et joyeux, il emmène des enfants « ordinaires et extraordinaires », comme il dit, dans son avion. Son sourire, ses yeux ne mentent pas : « L'idée est de briser la différence. Moi aussi, j'étais différent, puisque j'étais enfant d'immigrés. Ce rendez-vous annuel, c'est la possibilité d'avoir un échange et d'apprendre de l'autre... »

Pour la quinzième édition, Jean-Claude Roumilhac, un de mes instructeurs, ancien commandant de bord d'Air France, m'accompagne et nous nous envolons dans un PA-28, direction Agen.

La veille, nous avons été invités à la première démonstration de la Patrouille de France qui ouvre la saison des meetings aériens et nous avons dormi sur la base de Salon-de-Provence. Joie de serrer la main de Virginie Guyot, la première femme leader de la PAF ! J'ai beaucoup d'admiration pour cette personnalité discrète, mère de famille et excellente pilote, qui s'est illustrée courageusement dans des missions de guerre. Je discute, bois un verre dans les hangars avec les mécanos. Ce sont des moments simples et gais où les barrières, les grades tombent. Et où je me sens comme chez moi.

En nous rendant à Salon, Jean-Claude m'annonce que notre Piper va survoler l'endroit exact de mon accident, en Haute-Loire. C'était en mai 1991, il y a presque vingt et un ans, et j'y reviens pour la première fois. Nous sommes très haut, à dix mille pieds d'altitude et, une fois de plus, le mont d'Alambre est recouvert d'une couche de nuages, dense et compacte, comme emprisonnée entre les tourbillons de vent.

Mon cœur se serre, je frissonne quelques secondes, puis mes yeux se tournent vers le soleil pour chasser les fantômes. Jean-Claude me sourit doucement et ne dit rien. Il a compris ce que je ressens : dominer cet endroit maudit, c'est une sorte de revanche, mais le souvenir de la douleur n'est jamais très loin.

J'ai eu la chance d'être l'unique survivante. Souvent, je me dis que je n'ai pas le droit de gâcher cette opportunité qui m'a été donnée. Ce n'est pas facile tous les jours, mais j'essaie autant que je peux de rester droite, d'avoir l'esprit ouvert, et de partager ma passion avec ceux qui ne peuvent en avoir. En premier lieu, ces enfants cabossés par la vie qui nous attendent à Agen.

Beaucoup d'entre eux n'auront pas ma chance. Ils resteront prisonniers de leur corps sans grand espoir d'amélioration. Au sol, leurs visages sont graves, crispés. Mais dans le ciel, ils s'allument peu à peu, et ils nous offrent l'éclat d'un sourire extraordinaire. J'ai vu des enfants qui ne parlaient pas s'illuminer et crier de joie. C'est bouleversant. Impossible de retenir mes larmes.

L'avion posé, les visages s'éteignent à nouveau. La porte se referme. Cette petite parenthèse peut paraître une goutte d'eau, mais ces instants de joie, de rêve sont précieux pour eux. Et puisque cette action a inspiré des idées à d'autres, alors continuons...

En 2013, je revois Gilles Fournier, le directeur du Salon du Bourget, pour un film que ma société produit sur les coulisses de la manifestation. Gilles qui, toute l'année, œuvre à l'organisation du plus grand Salon de l'aéronautique du monde ne sait pas piloter. Lui, c'est plutôt la mer, les bateaux. Il pratique la voile et m'emporte en me racontant ses voyages. En retour, je lui promets de l'emmener un jour en avion pour lui montrer le fonctionnement des commandes manuelles : car s'il a déjà volé en Fouga ou en Alpha Jet, ça, il ne connaît pas.

Cette « première » a lieu à Caen où je vais voler de temps en temps. Un hasard incroyable fait que l'on m'attribue le *Foxtrot Yankee Zoulou*, l'avion sur lequel j'ai accompli toute ma formation. Je savais qu'il avait été racheté par un aéro-club normand, mais jamais je n'aurais imaginé un jour revoler sur mon petit tagazou de 100 CV.

J'emmène Gilles survoler le littoral et les plages du Débarquement. Je remarque qu'il ne quitte pas la mer des yeux. Je l'interroge :

— Dis-moi, quand tu navigues, tu ne t'ennuies jamais ? Qu'est-ce qu'ils font, les marins, sur leur bateau ?

— Ils regardent le ciel...

Logique. « Un petit poisson, un petit oiseau s'aimaient d'amour tendre... », la chanson de Gréco me revient en tête et je la fredonne gaiement.

Gilles me pose des questions, il semble très intéressé par le maniement de l'appareil. Je lui propose de lui passer les commandes quelques minutes et constate qu'il tient parfaitement son altitude :

— Tu te débrouilles très bien, tu devrais prendre des leçons de pilotage !

— J'aimerais beaucoup... mais je n'ai jamais osé.

— Quoi? Tu voudrais et tu n'oses pas? OK. Prends le manche et, si tu veux, tu ramènes l'avion jusqu'en finale[1] !

Il s'exécute, sourire aux lèvres. Je veille au grain. Il ne fait aucun écart. Pour rentrer, c'est facile : toujours tout droit. Nous survolons à nouveau le littoral, puis cap au sud, et lorsque la piste d'atterrissage se profile, je lui indique comment s'intégrer dans le circuit d'atterrissage jusqu'en finale. Là, je récupère les manettes.

Ces quelques minutes de pilotage lui ont mis l'eau à la bouche : peu après, il décide de prendre des cours avec Guillaume, devenu instructeur, et s'inscrit à l'aéro-club Paul-Louis-Weiller. Dès que je peux, je monte à l'arrière de l'avion comme « sac de sable », ainsi que je le faisais, enfant, avec mon père. Je me sens en confiance avec mes deux pilotes. Pourtant, son apprentissage est semé d'interrogations. Il y a tant de choses à assimiler, de paramètres à retenir. Le plaisir est grand, mais il craint de ne pas être à la hauteur. Il s'accroche et lorsqu'il doute, je le rassure : « Moi aussi j'ai fait ces erreurs, pour moi aussi ça a été long. C'est courant en aviation de se remettre en question. On croit souvent ne rien savoir, ne rien comprendre, en réalité, nos sens enregistrent tout ! Avec l'entraînement, tu finiras par acquérir les bons réflexes, les déclics se feront... »

1. Présentation de l'avion à l'atterrissage.

Six mois plus tard, il accomplit son premier lâcher en solo.

Ce jour-là, Guillaume et moi guettons notre ami, accoudés sur l'aile d'un avion, à la manière des pilotes du film *Memphis Belle*, qui scrutent le ciel attendant leurs copains de retour de mission. Je sens Guillaume très fébrile : pour lui, c'est son premier lâcher en tant qu'instructeur. Un petit point dans le ciel se rapproche vers nous.

Gilles se profile en finale. Nous fixons son approche en silence : axe, pente, vitesse. Posé pas cassé (c'est une expression de pilote). Ouf! Avec Gilles, Guillaume et moi revivons l'émotion de notre propre lâcher.

Quand il a ouvert la verrière, nous nous sommes précipités vers lui.

— Alors, raconte !

— Je n'aurais jamais imaginé ça! s'exclame-t-il en soufflant. Quand je me suis retrouvé dans le ciel, j'ai ressenti une impression incroyable de légèreté. Mais, rapidement, j'ai réalisé que j'étais seul et qu'il allait falloir revenir poser ce foutu zinc !

— T'as eu du mal ?

— Non, non, ça a été... J'aurai quand même encore besoin de Guillaume pendant quelque temps !

Il me regarde, ému :

— Je ne serais pas allé au bout si tu ne m'avais pas encouragé. Vous n'avez pas idée comme je suis fier de moi. Merci à vous deux...

Je suis heureuse. Depuis, Gilles nous appelle affectueusement « le gang des paraplégiques » car

Guillaume et moi avons réussi notre coup : pousser un marin à voler. Il est le premier élève de Guillaume et Guillaume, le premier paraplégique qui ait volé au Bourget en 2003. Cette histoire commence à me plaire...

C'est à Henri Lachmann en priorité que j'ai fait lire ma lettre ouverte[1] à François Hollande pour protester contre le report de la loi sur l'accessibilité. C'était en juin 2014. J'étais furieuse que ce gouvernement qui nous avait tant promis diffère de dix ans ses objectifs. « Il ne faut pas nous en vouloir, on est ignorants, on ne se rend pas compte de ce que vous vivez ! » m'a confié Henri, d'un air impuissant. J'ai souri... mais j'ai décidé qu'à partir d'aujourd'hui, j'allais l'instruire : les difficultés du handicap, il allait en entendre parler !

Quant au Président, son cabinet m'a répondu par courrier que des calendriers avaient été mis en place « et qu'ils prenaient le problème à bras-le-corps ». La question restait une priorité du gouvernement. Dont acte.

Pour évoquer cette lettre ouverte publiée dans *Le Journal du dimanche*, la journaliste Claire Servajean me reçoit à l'antenne de France Inter. En me raccompagnant à l'ascenseur, elle me confie sa gêne concernant la question que nous venons d'évoquer : « Je reconnais que nous, les journalistes, avons notre part de responsabilité

1. Cf. l'annexe en fin d'ouvrage.

dans cet échec. On aurait dû vous donner la parole plus tôt et plus souvent, alerter les pouvoirs publics. C'est notre rôle, mais on n'a pas mesuré la gravité de la situation. Je vous promets qu'on va essayer de mieux vous accompagner. »

Apparemment, cette prise de conscience s'étend jusqu'à France Télévisions qui s'engage « à ce que les personnes handicapées ne soient pas seulement sollicitées pour parler du handicap, mais aussi de sciences, d'économie et de culture ». Ceci, après avoir constaté qu'elles n'apparaissent que dans 1 % des reportages diffusés lors des journaux télévisés.

Cette fameuse loi qui devait prendre effet en 2015 a donc été repoussée de dix ans... « Et c'est ça ou rien ! » aurait même lâché une sénatrice. Nous allons donc continuer de rester à la porte, comme des citoyens de seconde zone. À la porte des boulangeries, des pharmacies, des écoles. À la porte des cinémas, des restaurants, des cafés. Et de certains endroits qui seraient bien pratiques pour nous : est-ce que les décisionnaires du report de cette loi imaginent ce que c'est que de ne pouvoir aller aux toilettes pendant une journée entière ? C'est une vraie souffrance. Y ont-ils seulement réfléchi ?

Dans mon quartier, les deux pharmacies sont inaccessibles et cela n'a pas l'air de poser de problème de conscience aux employés. Quant aux clients, ils détournent les yeux à la perspective d'avoir à manier le fauteuil pour passer l'obstacle... Qu'il pleuve, neige ou vente, je dois attendre qu'on veuille bien m'ouvrir. Alors qu'il suffirait d'un plan incliné en alu – comme c'est le cas chez mon primeur – pour que j'y accède sans déranger personne. Dommage... d'autant que ce qui est utile aux handicapés l'est souvent pour d'autres, les personnes âgées en premier lieu. Souvenons-nous qu'au départ la télécommande a été inventée pour les invalides. Qui, aujourd'hui, imaginerait se lever pour changer de chaîne sur son téléviseur ?

Comme toutes les jeunes femmes, j'adorerais sortir le samedi soir, mais dans Paris c'est si compliqué que, depuis longtemps, mes amis ont renoncé à m'inviter à les accompagner au restaurant ou au spectacle. Dans cette ville, devant trois marches, je ne suis plus qu'un fauteuil roulant. Comme beaucoup d'autres, je n'ai pas toujours conscience de mon handicap. Dans ma tête, je me vis comme une valide, ce qui crée angoisses et frustrations quand la société ignore mes difficultés. Le handicap nécessite des ajustements – dans les deux sens, il est vrai – pour pouvoir retrouver une certaine harmonie. C'est déjà assez dur de ne pouvoir marcher : on m'a permis de voler, qu'on me laisse rouler à ma guise !

Je sais que l'accessibilité aux handicapés a un coût, mais il faudrait finir par l'intégrer, puisqu'on nous incite à avoir un rôle actif dans la société. Comment gagner notre vie si on ne peut pas rejoindre notre lieu de travail ? Certes, la loi de février 2005 pénalise les entreprises qui n'embauchent pas de handicapés. C'est une belle avancée mais nous devrions avoir droit aux mêmes services, aux mêmes accès que les autres. Ne plus être les laissés-pour-compte.

Tout n'est pas perdu, mais les progrès sont lents. En mars 2014, le Conseil supérieur de l'audiovisuel a signé la première charte pour l'insertion et la formation des personnes handicapées aux métiers de l'audiovisuel. Avec l'obligation d'en embaucher un certain nombre à la télévision et à la radio. Le but étant que le regard sur le handicap ne soit plus anxiogène, et qu'on en banalise l'image.

Un cœur aventureux

Un soir de septembre, je rends visite à mon amie Dominique Torrès. Elle me reçoit dans son jardin au cœur d'un quartier animé de la capitale. Je m'efforce de lui sourire, mais je ne suis pas en très grande forme et j'ai encore maigri depuis quelques semaines.

On bavarde de tout et de rien et, à l'heure des confidences, je craque et fonds en larmes. Je n'ai plus goût à rien. Je me sens terriblement lasse et fragile d'être toujours assise en fauteuil, avec ces jambes inertes qui pèsent des tonnes. Je n'ai plus le courage. Et je m'inquiète : si le mental ne suit plus et que le physique lâche, que vais-je devenir ?

Dominique, elle, est une sexagénaire en pleine forme. Reporter, journaliste, écrivain, elle déploie une énergie phénoménale dans tout ce qu'elle entreprend. Touchée par ma détresse, elle m'invite à revenir chez elle le lendemain.

— Je vais te présenter Tina, ma masseuse. Elle est incroyable. Elle vient me masser chaque semaine. Demain, je te laisse ma place.

— Retraverser Paris, les embouteillages, je n'ai pas la force...

— Justement, ça te fera du bien. Viens, tu ne seras pas déçue.

Si elle insiste, c'est que je dois la croire. Je suis vraiment mal en point, avec l'impression pénible de glisser sans pouvoir me retenir à rien. D'accord, je reviendrai...

Le lendemain, à 18 heures, je frappe à sa porte.

Tina est déjà là. Elle m'invite à me déshabiller et à m'allonger sur le lit. J'ai beau me dire que c'est son métier, je me sens un peu gênée. « Ne craignez rien, dit-elle, j'ai l'habitude, je masse des corps toute la journée. » Sa douceur me rassure. Je me détends tandis qu'elle installe son matériel et qu'elle mélange lotions hydratantes et huiles essentielles. Un parfum de lys et de rose envahit la chambre. « J'ai été formée à la méthode Piroche, me précise-t-elle. Je vais donc alterner avec un massage traditionnel et l'application de ventouses le long des méridiens. Ça réactive la circulation lymphatique et sanguine. Ça tonifie les tissus et ça stimule l'oxygénation de la peau. C'est une méthode antistress, antiâge, et anti-idées noires ! »

Tina commence par me masser le dos et la nuque. Elle opère du bout des doigts une pression plus ou moins forte selon les tensions qu'elle perçoit. Je sens des milliers de picotements, comme des petites décharges électriques sur les zones qu'elle touche et qui sont insensibles quand j'y pose la main. J'ai l'impression qu'elle lit dans mes pensées en appuyant là où j'en ai besoin. Puis elle me masse les jambes, longuement, ardemment. Je me relâche complètement et ferme les yeux. Dieu, que c'est bon !

J'entends Tina manipuler les ventouses, mais je ne cherche pas à savoir ce qu'elle fait. Les paupières closes, je flotte. Soudain, il se produit quelque chose d'indéfinissable : j'ai l'impression que mon corps se redresse. Je suis debout et je danse ! D'un pied léger, je foule une herbe humide et fraîche. Je la sens me caresser la plante des pieds et les chevilles. L'odeur de la campagne aimée de mon enfance me revient également en mémoire.

Il me faudra quelques minutes avant de sortir de cette plénitude. J'aurais voulu prolonger le moment, indéfiniment. Quand, émerveillée, je lui raconte ce qui vient d'arriver, Tina n'en revient pas. Depuis, je la vois toutes les semaines pour faire le plein d'énergie. Elle est celle qui apporte la lumière et calme mes pensées inquiètes. Sa sagesse me guide autant que ses mains m'apaisent. Mais je n'ai jamais retrouvé cette vision de paradis.

La plupart des paraplégiques se déplacent, comme moi, en fauteuil roulant. Le fauteuil, bien visible, signale le handicap. Il y a également d'autres déficiences qui, elles, ne se voient pas et sont désespérantes. Une, en particulier, qui s'appelle l'hypoesthésie : la privation partielle ou totale de la sensibilité.

Chez nous, cela se joue à un nerf près. C'est subtil. Dans mes connaissances, il n'y a pas deux personnes qui ressentent la même chose. Le panel des sensations est tellement large !

Beaucoup de gens l'ignorent, mais nous avons les mêmes appétits, les mêmes fantasmes que tout le monde. Et, comme tout le monde, lorsque le physique ne répond pas, c'est le mental qui compense.

J'ai beaucoup appris en regardant mes échecs en face. Avec le temps, j'ai fini par ne plus m'en attrister et dans chaque expérience nouvelle, j'ai puisé davantage de bien-être.

Longtemps, j'ai pensé que je ne sentirais jamais les caresses intimes d'un homme. Et cela me révoltait. Puisque, en dessous de la lésion, mon corps ne répondait plus aux stimulations, je devais découvrir le moyen de redonner vie aux zones endormies.

En accueillant les jolies surprises de la vie quand elles se présentaient, sans peur et en remballant ma pudeur, un épanouissement inattendu s'est produit. Une forme de rééducation qu'on n'apprend pas à l'hôpital mais en suivant son instinct. Une quête de sensations, d'émotions, de plaisirs.

En 1991, la sexualité des personnes handicapées est un sujet tabou. Le corps médical n'aborde pas ces questions et ne propose aucune alternative.

Moi, j'ai voulu être à l'écoute de tout ce qui pouvait réveiller ma peau.

Alors, j'ai souri, j'ai joué, j'ai séduit. Je me suis laissé approcher sans crainte, ou plutôt sans la montrer. Il fallait faire taire la timide, la sauvage pour me faire éduquer. Et j'ai laissé s'exprimer mon cœur aventureux...

Quoi de plus étourdissant que des yeux qui se croisent et parlent le même langage ? Quoi de plus délicieux qu'un homme qui se penche pour prendre votre visage tendrement dans ses mains et vous invite au voyage ?

Cet homme, je le connais un peu, nous nous sommes croisés quelques fois sur un terrain d'aviation. Son dernier SMS était succinct : il a deux heures devant lui et me propose de me retrouver au centre de Paris.

Je pars à sa rencontre en descendant la rue de Rennes. J'arriverai par le métro Saint-Germain-des-Prés..., m'a-t-il écrit. Je le cherche du regard, en essayant de le reconnaître avant qu'il ne me voie, quand soudain sa silhouette se détache de la foule. Il avance en souriant. Évidemment, pour lui, c'était plus facile : une aventurière dans un fauteuil, il n'y en a pas tant que ça !

Il est grand, beau et rempli d'assurance. J'ai du mal à dissimuler mon émotion. Son regard m'enveloppe immédiatement, un regard passionné. Mon cœur s'affole. Planté devant moi, il voit mon étourdissement. Il se penche un peu et pose sa main à la naissance de mon cou. « Bonjour ! » dit-il simplement. Je sens la douceur de sa main sur ma peau. Je repense aux mots torrides qu'il m'a adressés la veille par SMS. À l'expression de son sourire, je sais que nous allons vivre un moment qui tiendra ses promesses. « On va se promener au jardin du Luxembourg ? » me propose-t-il.

Nous marchons côte à côte en nous regardant, en nous souriant. L'air frais caresse mes joues brûlantes. Arrivés au croisement d'une rue, je m'apprête à franchir le passage clouté sans vérifier la couleur des signaux. Il me retient par l'épaule. « Attention, c'est rouge pour les piétons ! Tu es si pressée ? »

J'aime ces moments de grâce où me revient l'insouciance de mes quinze ans. Je me sens comme une adolescente, à la fois impatiente et maladroite.

Une seconde, j'ai imaginé qu'il pourrait m'enlacer sans attendre, là, dans la pénombre d'un porche. Il a dû lire dans mes pensées car, à cet instant, il s'arrête, pose sa main sur mes cheveux et m'embrasse fiévreusement.

Parvenus au jardin du Luxembourg, on s'installe près de l'entrée, rue de Vaugirard. Autour de nous, des étudiants flirtent allongés sur l'herbe, des mamies promènent leurs petits-enfants dans des poussettes. Il m'offre un baiser divin qui me transporte. Sa bouche explore ma bouche et ses baisers sont un langage. Ils disent ce qu'il attend de moi et m'invitent à toutes les audaces. Ma peau frissonne sous la pulpe de ses doigts et, à nouveau, mon corps s'éveille là où je le croyais endormi.

J'aime ses yeux noirs, ce regard profond dans lequel je me noie. Je n'ai plus peur de rien. Il est de ces hommes qui savent emporter une femme dans des voyages immobiles, des continents inexplorés.

Nous décidons de changer de place pour nous asseoir, côte à côte, sur un banc, en retrait. J'ai besoin de caresser sa peau, lui faire sentir le désir qui me brûle. À l'abri d'un alignement d'arbres au bord d'une allée, il s'assied, me lève de mon fauteuil et m'attire contre lui. Mon ventre, mes seins, mes joues, mon front, mes lèvres, tout en moi s'enflamme. Je l'entoure de mes bras et l'embrasse comme une assoiffée.

« Ben, dis donc, c'est le printemps ! » nous a lancé une femme en passant. À son regard oblique, j'ai senti qu'il était temps qu'on redescende sur terre. Nous nous sommes envolés si haut ! Madame, ne m'en veuillez pas si j'ai perdu un peu la tête. Cela m'arrive si rarement...

Dans ma voiture, je n'avais pas remarqué cet homme qui attendait de traverser au feu. Lui m'a vue. Avant que je ne démarre, il s'approche à hauteur de ma fenêtre et me propose de me garer un peu plus loin. Nous sommes en été, il me trouve jolie, il fait beau et, si j'ai un peu de temps, me dit-il, il aimerait m'offrir un verre. Je sais qu'il n'a pas vu mon fauteuil roulant. Cette situation m'amuse et comme je suis joueuse, j'accepte : « OK. Le temps de me garer, je vous rejoins dans cinq minutes au bistrot qui fait l'angle. »

J'ai roulé doucement vers lui sans qu'il m'entende et lorsqu'il s'est retourné vers moi, d'un coup, son visage s'est décomposé. J'ai lu sa déconvenue dans ses yeux. Du coup, ma blague a tourné court, moi-même elle ne m'amusait plus.

Je l'ai fixé avec mon plus joli sourire : « C'est toujours OK pour le verre ? » Je le sentais terriblement embarrassé, mais comme il était poli, il m'a indiqué une table et s'est assis en face de moi. Ensuite, il m'a posé les questions habituelles, ce qui m'était arrivé, depuis quand... mais je voyais bien qu'il n'était pas naturel. J'ai avalé mon café et écourté la discussion. Je n'aurais pas voulu qu'il me plante en premier.

Le handicap l'a effrayé. C'était il y a longtemps, mais je m'en souviens encore. Par la suite, d'autres seront moins frileux, comme cet internaute qui partage ma passion de l'aviation et qui, après quelques échanges de mails, devient très entreprenant. Son ton, son audace créent entre nous une complicité immédiate. Avec lui, je me sens libre de tout dire et de tout entendre. J'ai su tout de suite qu'il saurait appréhender mes envies, repousser mes limites. Grâce à lui, j'ai même des chances de sauter une classe !

Nous nous sommes donné rendez-vous chez moi, ce que je fais rarement. Je suis là, devant lui, et ses mots m'invitent encore au voyage. Comment sait-il ? Comment comprend-il si bien ce que j'attends de lui ? « Je vais t'emmener dans des lieux inconnus. Doucement, ton esprit s'y promènera, oubliant tout le reste... », murmure-t-il en me fixant.

Les traits de mon visage se détendent peu à peu. Il me sent troublée, impatiente de commencer, ce qui le fait sourire. Au moment où je vais fermer les yeux, il fait claquer dans l'air le fouet de sa voix : « Donne-moi ta bouche ! »

Sujet et observatrice, je pense m'évanouir face à cette force magnifique qui hypnotise mes dernières résistances. Après un long baiser, il me propose de nous allonger nus, l'un contre l'autre. Puis il continue à chuchoter à mon oreille : « Tu portes une robe transparente qui dévoile le bout de tes seins que j'ai longuement excités... »

Je sens bouger ses lèvres contre ma tempe, je ferme les yeux pour mieux glisser dans son récit : « Tu es assise à l'arrière d'une voiture, les mains liées, les yeux bandés. Ta robe remontée au-dessus des cuisses laisse entrevoir un string qui ne dissimule presque rien. »

Je renverse la tête en arrière, j'ai l'impression que mes yeux flamboient dans la pénombre. Ses doigts descendent le long de mon corps, je les sens parfaitement, ils slaloment délicatement sur ma peau, tandis que sa langue lèche le lobe de mon oreille. Et le récit se poursuit : « De chaque côté, les portières s'ouvrent et deux hommes entrent en riant. Ils parlent fort. Ils parlent de toi. »

Il serre mes poignets d'une main et, de l'autre, caresse mes cheveux. « Tu ne connais pas ces voix, tu ne vois pas leur visage. Tu es juste entre deux hommes qui te trouvent terriblement belle. L'un d'eux découvre le dernier rempart de tissu qui cache ton intimité. Tu vas t'offrir sans résistance à leurs mains expertes... »

Pendant des heures, il a inventé des mises en scène d'un érotisme absolu et sans aucune vulgarité, pour que j'y promène mon imagination. Une chaleur diffuse embrase le haut de mes cuisses et ondoie vers des zones habituellement froides et insensibles. Des sensations nouvelles déferlent en moi, des émotions que jamais je n'aurais pu découvrir seule.

Il m'a tout donné, la dureté, la douceur, jusqu'à sa sève, sa jouissance et son cri rauque.

Longtemps, je suis restée serrée contre sa poitrine, à la fois près de lui et proche des étoiles. Parce qu'il connaît les femmes et leurs désirs secrets, cet homme a été un merveilleux initiateur. Il a su m'atteindre et m'emporter.

J'ai oublié son visage. Je me souviens simplement que nos corps écrivaient une histoire, qu'ils résonnaient ensemble. C'est ainsi qu'il a suscité mon abandon. Sa sensualité m'a arrachée du sol, il m'a fait là un magnifique cadeau.

La certitude d'avoir trouvé l'âme sœur, je l'ai connue en 2009. Jeune divorcée, j'avais besoin d'aimer, de tourner la page, d'être à nouveau accompagnée, lorsque je rencontre celui qui a incarné l'une des plus belles passions amoureuses de ma vie. Une des plus brèves, aussi.

Cet homme me regarde comme jamais personne ne m'a regardée, il ose me toucher, m'extraire de mon fauteuil. Il me bouge, m'emporte comme une plume. Le handicap ne l'effraie pas, au contraire, il le sublime. Et ça, ça change tout. Je me sens belle dans ses bras. Mon pouls bat au rythme de son cœur, je crois même que l'on respire en même temps. Avec lui, nul besoin de mises en scène, d'artifices. Dès que ses yeux se posent sur moi, je m'enflamme.

Je tombe follement amoureuse de sa force, de ses bras, de sa voix. Il me parle d'avenir : « Je voudrais être celui sur lequel tu pourras te reposer, je veux t'aider, t'accompagner, te conseiller, que tu t'épanouisses à mes côtés... » Nous vivrons ensemble dans un grand appartement, nous réunirons nos enfants sous le même toit, me dit-il. Il est intarissable.

On se téléphone jour et nuit, il me berce de paroles, de promesses.

Et moi, j'y crois. J'y crois tellement.

Et puis, un après-midi, il m'appelle. Sa voix hésite, s'emmêle. Il n'ose pas, il n'a pas le courage, il ne sait plus. Et bla-bla-bla.

Cette voix, je la coupe ; sa plainte, je l'écourte.

Ma vie devient un long silence. Je reste prostrée, le souffle court. Les mois passent comme des jours. Et Charline souffre de me voir détruite, ravagée...

La porte est refermée
La voilà sans lumière
Elle tourne sur elle-même
Et déjà elle sait
Qu'elle tournera toujours
Elle a perdu des hommes
Mais là, elle perd l'amour.

« Orly », la chanson de Brel, me hante. Et un matin, ce sont les paroles de Barbara qui me reviennent aux lèvres. La joie de vivre, la joie de vivre... Si un homme peut la sublimer, je ne laisserai à aucun le droit de la briser.

Plusieurs fois par jour, des yeux me disent que je suis une jolie femme, qu'on peut me désirer, mais, finalement, c'est toujours le fauteuil qui gagne. Parce que après m'en avoir décollée, on m'y rassoit, de gré ou de force.

Il y a aussi les regards qui disent « Quel dommage ! » et ceux qui disent « Non »... Parce que je suis paraplégique. Je sais les peurs que le handicap engendre, mais comme cela fait mal, d'être réduite à « ça »...

Paradoxalement, qu'on ne voie que mes faiblesses me donne un regain de force et de rage ! Car je ne me vis pas uniquement à travers le handicap. Mon plaisir, ma liberté, je les conquiers autrement. Dans le dépassement de soi, avec l'adrénaline qui m'aide à franchir les obstacles.

Les voyages que l'on entreprend par l'esprit, l'imaginaire sont sans doute les plus beaux. Malgré tout, j'ai en tête le projet de retrouver un jour l'usage de mes jambes. Avec l'aide des nouvelles technologies, bien sûr !

La paraplégie est une paralysie des membres inférieurs résultant d'une atteinte de la moelle épinière. La mienne n'a pas été sectionnée dans l'accident mais compressée, et Laurence, mon ostéopathe, m'explique qu'avec des exercices spécifiques, il est possible de créer dans le corps humain des connexions parallèles. Depuis que nous avons commencé à travailler ensemble, certaines zones de mon corps se sont réveillées. Pour d'autres, je n'ai plus la mémoire de leur sensibilité. Elle aussi est à reconquérir avec l'aide de l'imagination.

À Agen, lors de la manifestation Rêves de gosse, Jean-Claude Roumilhac m'a présentée à Pierre Marchadier, un ancien pilote de Mirage 2000, aujourd'hui directeur de la communication chez Dassault Systèmes qui, entre autres, sponsorise l'opération. Participer à cette aventure l'avait enchanté : « Mettre l'humain au cœur des préoccupations, c'est ce qui pousse un ingénieur à inventer le monde... », me dit-il. Son humilité et son sourire ne trompent pas : ce sont ceux d'une belle personne.

Au cours de notre discussion, Pierre évoque quelques grands projets futuristes qui me font voyager sur place. J'ai l'impression de plonger dans l'univers de Jules Verne ! Bernard Charlès, ce grand visionnaire, P-DG de Dassault Systèmes, coordonne ces avancées spectaculaires. Lui et ses ingénieurs imaginent, inventent, créent le monde de demain. Médecine, éducation, industrie, énergie, environnement, recherche, espace, les innovations technologiques sont multiples et couvrent tous les domaines. Elles vont bouleverser nos habitudes pour améliorer notre vie, avec, en point d'orgue, la BioIntelligence pour aider la recherche contre le cancer et mettre la robotique au service de tous ! « Nous pensons à nos enfants et nous avons à cœur d'harmoniser les produits, la nature et la vie », concluent-ils. À les entendre, le futur sera positif, joyeux.

Je partage avec Pierre mon bonheur d'être devenue pilote grâce aux commandes manuelles de pilotage. Si certains semblent avoir renoncé à nous aider – je pense notamment au report, par notre gouvernement, de la loi sur l'accessibilité – des entreprises et des ingénieurs continuent d'y croire en misant sur l'avenir. Les nouvelles technologies nous font basculer dans des dimensions qui peuvent parfois sembler effrayantes. Pourtant, elles parlent le langage de l'espoir, elles ouvrent le champ de tous les possibles avec, pour seule limite, l'imagination des hommes. Demain sera merveilleux ! Et ce qui sert le handicap peut servir tout le monde !

Pierre nous fait un état des lieux de la recherche et des développements attendus, dont certains sont sur le point d'être réalisés. Le nouveau visage de la planète se dessine dans les bureaux d'études de Dassault Systèmes, les modes de vie des hommes, leur environnement. En l'écoutant, j'essaie d'imaginer ce que sera mon existence lorsque toutes ces innovations seront expérimentées...

Justement, il évoque un projet phare développé par de jeunes ingénieurs de Wandercraft, grâce aux logiciels 3D de Dassault Systèmes : les exosquelettes. Il s'agit de jambes articulées qui permettront aux paraplégiques de se tenir debout et de marcher les mains libres, sans béquilles. Enfin, pouvoir nous libérer du carcan du fauteuil roulant ! Enfin, marcher et ne plus rouler ! Peut-être n'aurai-je pas la vélocité de mon adolescence, mais comme tout le monde, je pourrai mettre un pied devant l'autre, vivre debout !

Quand je pense à demain, je ne peux m'empêcher de songer à Charline et je jubile en imaginant le regard qu'elle portera sur moi quand sa maman à roulettes se lèvera devant elle. Peut-être devra-t-elle se mettre sur la pointe des pieds pour m'entourer le cou de ses bras !

Demain sera merveilleux

Ainsi que je l'ai souligné, lorsque l'arrêté ministériel a été signé en 2003, il est devenu possible pour les handicapés d'exercer des missions de surveillance de feux de forêt et de surveillance maritime, faire du transport de fret et, après cinq ans, de l'instruction... Ainsi qu'avoir accès à une discipline des plus exigeantes : la voltige aérienne.

En 1997, j'avais fait la connaissance de Guillaume en voulant lui acheter un équipement manuel escamotable qu'il avait fabriqué, pour adapter un Cessna 177 RG, afin de passer ma qualification « train rentrant et pas variable ».

— Vous qui savez comment adapter des avions, est-ce que vous pourriez équiper un CAP 10 ? lui avais-je demandé. (À cette époque, on se vouvoyait encore. Ça n'a pas duré longtemps...)

Une étincelle s'était allumée dans ses yeux.

— Ah, ça serait formidable ! Mais réglementairement, on n'a pas le droit !

Le CAP 10 est un avion mythique de construction 100 % française. Cette machine fabuleuse a formé toute une génération de pilotes civils et militaires. Mais à cette époque, Guillaume me le confirme, la voltige est absolument interdite aux handicapés.

Je m'incline, donc... mais je n'oublie pas.

Lorsqu'on est victime d'un accident de la vie, on s'aperçoit qu'on ne perd pas « seulement » l'usage de ses jambes, de ses bras ou de l'un de ses sens. On perd aussi l'usage de ses rêves, qui deviennent impossibles pour la plupart d'entre eux. Jusqu'à présent, aucune femme paraplégique n'est encore devenue pilote de voltige.

Devenir voltigeuse était pourtant bien plus qu'un défi personnel, c'était l'espoir formidable de changer le regard de la société sur les handicapés, ce regard qui est si important lorsque vous vivez dans un fauteuil, tant il vous porte, tant il vous pousse et vous redonne confiance en vous.

Mais on le sait, les rêves les plus fous précèdent souvent la réalité...

En 2014, un homme va dissocier pour moi le mot « impossible » du mot rêve. Régis Alajouanine est le président de l'Amicale de voltige aérienne (AVA), réunissant des pilotes talentueux qu'il a accompagnés et menés, pour certains, au plus haut niveau de la compétition internationale. « Toutes les femmes qui sont passées entre ses mains sont devenues des championnes ! » m'affirme Guillaume en souriant. À commencer par son épouse Pascale qui a remporté de nombreux titres et trophées. Je les revois tous les deux, lui vêtu de sa combinaison jaune au Tour aérien des jeunes pilotes en 1996, et Pascale exécutant des acrobaties. Nous allons nous retrouver dix-huit ans plus tard pour écrire ensemble les pages d'un nouveau chapitre.

Un chapitre où, une fois de plus, Guillaume tient un rôle important.

— Ma puce, ça te tente toujours de te lancer dans la voltige avec moi ? me demande-t-il. Régis m'a dit qu'il serait prêt à modifier un CAP 10 pour nous accueillir dans son école.

Mes yeux s'écarquillent, les questions se bousculent dans ma tête. Le CAP 10 est un avion performant mais pointu avec son train classique (roulette de queue) qui rend les décollages et les atterrissages assez sportifs. Je vole peu ces derniers mois et j'ai le sentiment de ne plus être à la hauteur. En même temps, je n'ai plus de projet, je tourne en rond, je m'ennuie !

— Mais, Guillaume, je ne suis pas trop vieille pour me lancer un tel défi ?

— Bien sûr que non ! Ce serait au contraire un vrai challenge et tu as tout en toi pour réussir.

C'est vrai que l'idée est excitante, pourtant j'hésite. Je ne me sens pas prête.

Un dimanche, je me rends aux Mureaux. Je ne suis pas venue voler, juste passer un bon moment avec mes copains. Quand j'ai du vague à l'âme, c'est ici que je me ressource auprès d'eux.

Jean-Claude Roumilhac est là, lui aussi, il fait de l'instruction chez nous depuis deux ans. Tout à coup, sans prévenir, il se lève et me lance :

— Allez, Dorine, je t'emmène faire un peu de voltige sur le Robin ?

— Oups... Je ne sais pas, je ne me sens pas prête psychologiquement...

Il rit. Fonceuse comme je le suis, je ne l'ai pas habitué à ce genre de réponse. Ni une ni deux, il me pose un parachute sur le dos, et me porte dans l'avion. Je me sens blêmir.

— J'ai la trouille, tu sais...

— J'ai emmené ma fille de douze ans, il y a une semaine, elle était comme toi et finalement elle a adoré !

Certes, ce n'est pas mon baptême d'acrobaties, mais il y a longtemps que je n'ai pas été secouée dans un avion, et j'appréhende.

Le temps que je me raisonne, nous avons décollé et rejoint la zone d'évolution.

— On va commencer par une boucle, tu vas voir, tout en douceur.

Jean-Claude m'indique au fur et à mesure dans quelle direction regarder pour suivre la manœuvre et applique une pression sur le manche avec une délicatesse infinie. Il dessine des volutes dans le ciel qui me comblent de joie. On pique vers le sol, puis on remonte à la verticale avec souplesse, sans brutalité, c'est d'une sensualité folle !

À l'atterrissage, je bondis vers Guillaume et Claude, le président du club :

— Waaaooo... c'est génial ! C'est décidé, je me lance !

— T'as raison, la voltige, ça te va bien, me répond Claude en riant.

Gilles Fournier n'est pas loin, il observe la scène du coin de l'œil. Évidemment, quand je me jette dans un projet, j'embarque tout sur mon passage et je rêve en grand ! Je regarde Gilles avec un sourire qu'il connaît par cœur :

— Tu crois que je peux viser le Bourget l'année prochaine ?

— Doucement, doucement..., réplique-t-il. Ça ne dépend pas de moi. Mais si tu es entraînée et que tu valides ta présentation devant Jupiter, pourquoi pas ?

Je n'ai entendu que « pourquoi pas ? » et suis partie comme une fusée.

— Youpppiiiiiiiiii !

Premier cours sur le Robin 2160. Pour l'heure, c'est en France le seul avion équipé de commandes manuelles de pilotage, habilité pour l'initiation à la voltige et, plus précisément, le travail sur les « mises en garde » (lorsqu'on apprend à sortir des positions inusuelles de l'avion). Guillaume, qui est très estimé dans le milieu de l'aviation, a œuvré auprès du directeur de la sécurité de l'aviation civile pour qu'on m'accorde, comme à lui, l'autorisation de la pratiquer sur cet appareil.

Cette fois, c'est Jacques Dugué, instructeur à l'Amicale de voltige aérienne qui m'emmène. Je vais beaucoup apprécier sa rigueur et son esprit de synthèse. Ses explications sont claires, précises, j'entends toute l'expérience acquise par un grand voltigeur. Jacques maîtrise parfaitement les étapes de l'apprentissage. Il m'entraîne d'abord à tenir mon avion en ligne droite en ne regardant pas devant, mais le *saumon* (le bout) de mon aile gauche. « C'est un bon exercice pour apprendre à faire des rotations tangage dans l'axe » (comprendre : des montées et des descentes). Au début piloter les yeux rivés sur le bout de l'aile me donne une sensation étrange de vertige.

Puis, à partir de la vitesse de croisière, il me demande de cabrer rapidement l'appareil et d'atteindre une assiette de quarante-cinq degrés que je maintiens jusqu'à quatre-vingt-dix kilomètres à l'heure, pour ensuite piquer à quarante-cinq degrés. Je respire profondément... Je me sens vaseuse, flageolante. Je n'ai pas l'habitude de prendre des inclinaisons si fortes. On enchaîne les répétitions pour affiner le dosage : mise en montée par une impulsion sèche sur le manche, puis une légère détente tout en maintenant une pente fixe et stable. Mon appréhension tarde à se dissiper, surtout lorsqu'en haut de la courbe nous nous retrouvons en apesanteur, le corps flottant pesant le poids d'une goutte d'eau.

La préparation avant le décollage est un véritable rituel : on est obligé de se harnacher fermement avec une ceinture « cinq points » pour coller le bassin au siège et faire corps avec la machine. Ainsi, on ressent beaucoup mieux les facteurs de charge. Pour ce qui me concerne, je constate que je les supporte parfaitement. Ce qui ne m'empêche pas, à l'issue des vols, d'avoir des bleus sur les hanches malgré les protections en mousse...

Jacques m'explique que la voltige est d'abord une affaire de coordination entre l'œil et la main et qu'on doit souvent faire abstraction des informations sensorielles qui peuvent donner des nausées lorsque l'information visuelle ne concorde pas avec elles. Avec un peu d'expérience, le voltigeur suit essentiellement ses repères visuels.

Il me fait enchaîner par des virages voltiges : « Tu vas chercher 3G sur l'accéléromètre et tu tiens. » Je regarde les instruments... Quel accéléromètre ? Il est nouveau, celui-là !

Je commence à prendre goût à ces sensations malgré une boule au ventre qui parasite ma concentration. Pour la première séance, Jacques préfère qu'on en reste là.

À l'atterrissage, je suis très excitée, pleine d'énergie. Le récit de mon vol à Guillaume est ponctué d'éclats de rire :

— Au début, je croyais que les 3G, c'était au feeling qu'on devait les trouver en virage, alors j'attendais, j'attendais de les sentir !

— Ben, non, Dorine, calme-toi, ce n'est pas comme le point G !

Avec ce cours, je comprends que mon appréhension est psychologique, mais que le physique tiendra le choc. Alors, je m'accroche, me rends disponible et poursuis les entraînements. J'éprouve la même joie qu'à mes premières leçons de pilotage lorsque j'avais tout à apprendre. Les maladresses de l'élève, les hésitations du débutant... je m'en remets aux qualités de mon instructeur qui va tout me transmettre.

Je répète les tonneaux, les boucles, puis, au bout de plusieurs essais, m'efforce d'enchaîner les figures. Imparfaites, certes, pourtant je n'en reviens pas de la vitesse avec laquelle la voltige s'est inscrite en moi : il m'a fallu à peine quatre vols pour dépasser mon anxiété et restituer au mieux les leçons de l'instructeur.

Depuis, c'est un pur plaisir accompagné d'une extrême concentration dont je m'amuse en regardant les images de la GoPro, lorsqu'on débriefe le vol : on me voit prendre une longue respiration, plisser les yeux, me mordre les lèvres...

La complexité de la voltige tient à l'assimilation de la coordination des gestes : avec un palonnier, c'est instinctif, on pousse à gauche, l'avion part à gauche. Et inversement. Manuellement, c'est beaucoup moins évident : on doit pousser pour aller à gauche et tirer pour aller à droite. De plus, les efforts à appliquer sur les deux manches sont nettement différents : très doux sur le manche, à fond sur le malonnier !

La clé du succès résidera donc dans cette parfaite maîtrise de mouvements antagonistes, pour exploiter pleinement la troisième dimension en toute sécurité. Régis le sait bien. Il a l'ambition d'équiper pour nous le premier « vrai » avion de voltige qui nous permettra d'atteindre un niveau digne de nos possibilités.

Je suis à l'aéro-club après une séance avec Jean-Claude lorsqu'il m'appelle sur mon portable :

« Dans deux semaines, tu pars en stage avec nous pour commencer ton initiation à la voltige sur le CAP 10. » On attaque les choses sérieuses ! Afin de procéder à des tests, Régis demande à ce que je le rejoigne sur le terrain de Dreux dans l'heure qui suit. J'ai le sentiment de vivre une aventure telle que je les aime : partir sur un coup de fil, prendre un avion, bousculer les emplois du temps. Cela me rappelle de beaux souvenirs, quand on volait en patrouille avec la bande de copains.

Je trace un trait sur ma carte, relève le cap, la fréquence et décolle. J'ai laissé mon fauteuil au club : là où je vais, je n'en ai pas besoin.

Lorsque j'arrive, Régis est dans son hangar, affairé sur l'avion. Une surprise m'attend : Mélanie Astles, un petit bout de femme championne de France de voltige formée à l'AVA. Son objectif est d'accéder aux championnats internationaux élites et, peut-être un jour, d'intégrer le Red Bull Air Race, un show aérien à très basse altitude, parmi les plus difficiles au monde. Cette fille n'a pas froid aux yeux, ça se sent. Le courant passe immédiatement entre nous.

Régis me propose de m'asseoir dans le CAP 10, ce même avion qui a formé la championne. On étudie la façon dont on pourrait adapter les commandes manuelles de manière la plus ergonomique en fonction de mon gabarit. Du sur-mesure, en quelque sorte. Il met tout en œuvre pour que ce soit prêt rapidement. Autant d'attentions de sa part me bouleverse.

Puis il me lance : « Je t'emmène ? »

Plus que jamais, je comprends l'importance de la fluidité dans les mouvements que l'on produit. Tout est question de finesse, d'agilité et de technique pour enchaîner le passage d'une figure à l'autre. Et parfois, la persévérance dans la répétition ne paie pas autant qu'on le souhaiterait.

Je veux lui montrer ce que j'ai appris sur le Robin. Et là, je me plante lamentablement. Au moment de me lancer dans une boucle, je tire trop brusquement sur le manche, au point de décrocher en haut de la courbe. Je n'ai pas encore intégré les effets de la gravité terrestre sur ma force et j'en perds mon casque radio. Régis me regarde comme si j'avais fait une grosse bêtise. Oups... L'élève est une brute épaisse ! Moi qui ai repris le sport tout spécialement, je devrais y aller mollo sur la muscu...

Il pose alors sa main sur la mienne pour accompagner mon geste et modérer la pression sur le manche, après m'avoir réexpliqué les fondamentaux : l'association d'un fort facteur de charge avec une faible vitesse entraîne la chute de l'avion. « Vas-y plus doucement et ta boucle passera toute seule. Recommence... »

Je fais plusieurs tentatives. Régis alterne en me montrant d'autres manœuvres, de nouveaux enchaînements, et je termine la leçon par une figure magnifique. Ma récompense. Ce furent quinze minutes de bonheur, entre grâce et technicité, au-dessus des nuages bourgeonnant, l'aile de l'avion effleurant la tête des cumulus, sous les rayons du soleil, la piste en herbe apparaissant sous nos pieds dans les trouées.

De retour sur le terrain, Régis vient saluer les copains par un passage basse altitude, puis se présente à l'atterrissage. Je suis ivre de joie mais ne m'attarde pas. On m'attend aux Mureaux pour ranger mon avion et fermer l'aéro-club. Sur la route du retour, dans la voiture, je monte le son de la radio à fond. Je revis le vol et poursuit la danse en pensée.

Vers 21 heures, Jean-Claude m'appelle à la maison : « Tu es bien rentrée, Dorine ? Je m'inquiétais à cause des orages. » Je souris. Cette attention, toute paternelle, me touche infiniment. Et, ainsi qu'on va le voir, ma jolie famille en a toujours de nouvelles pour moi.

Ce jour d'avril, le rendez-vous est fixé à 7 h 50. On est des lève-tôt dans l'armée ! Mais je suis tellement excitée par ce qui m'attend que je me suis réveillée avant l'aube. Une journée exceptionnelle a été organisée sur la base aérienne d'Istres : je suis invitée à voler à bord d'un Boeing C-135, l'avion ravitailleur des avions de chasse, un appareil qui date des années 1960. Une véritable pièce de collection.

C'est un vrai privilège que l'on m'accorde, il est très rare que des civils puissent assister à une opération de cette nature, et je suis certaine que je vais faire beaucoup d'envieux !

La veille, le général Yvon Goutx et moi avons pris le train pour Aix-en-Provence. Trois heures n'étaient pas de trop pour qu'il m'explique ce que je devais savoir sur ce qui allait se passer le lendemain. À la gare, un officier de réserve nous attend. Spontanément, je m'installe à l'arrière droite et lui range mon fauteuil dans le coffre. Du coup, Yvon s'installe à l'avant près du conducteur. Il sourit, et je lui demande pourquoi : « Parce que tu as pris la place habituellement réservée aux officiels et, moi, celle du porte-serviette ! » Oh, pardon, mon général ! Je ne le referai plus !

Quelques mois plus tôt, Tao et Mika, les deux pilotes présentateurs du Rafale Solo Display m'ont fait l'honneur de me demander pour marraine. Pour eux, j'incarne des valeurs importantes dans l'armée de l'air : l'engagement et le dépassement de soi. Comme un petit soldat, je suis tombée de l'avion et aussitôt remontée dedans !

Alors que nous fêtions tous ensemble les soixante ans de la Patrouille de France, Yvon avait proposé au commandant des Forces aériennes stratégiques qu'un ravitaillement en vol soit organisé pour moi. Je l'avais regardé, sidérée, totalement prise au dépourvu ! Le général Charaix avait alors hoché la tête : « Excellente idée. J'organise le vol dès que je peux ! »

Les militaires tiennent toujours leurs promesses.

Un an plus tard, nous avons rendez-vous, ce jeudi 17 avril 2014, avec le commandant de la base d'Istres, le colonel Jean-Luc Moritz, et le lieutenant-colonel Olivier Roquefeuil, lequel a préparé la mission. Pour m'accompagner et veiller sur moi, il a réquisitionné le médecin de la base, une infirmière et deux auxiliaires sanitaires Jamais je ne me suis sentie autant protégée !

Au mess des officiers, je plaisante avec les deux jeunes femmes auxiliaires : pour elles aussi, c'est un baptême. Cet avion, elles le regardaient voler, mais elles n'y avaient jamais eu accès ! À plusieurs reprises, pilote, équipage, infirmières me posent la question : « Mais... qui êtes vous ? Qu'est-ce que vous avez fait pour qu'on vous permette de monter dans le Boeing C-135 ? » Bonne question. Qui suis-je ? Personne de bien important, seulement une passionnée d'aviation qui est aimée et gâtée par sa famille d'adoption. Quelqu'un de très chanceux, également, parce qu'on lui fait, aujourd'hui, un cadeau exceptionnel.

J'ai surtout été conviée à ce vol au titre de marraine des pilotes du Rafale Solo Display. Car ce sont Tao et Mika qui, à bord de leur Rafale, viendront se ravitailler à notre avion.

Le chargé de communication de la base nous dresse une description rapide du site : quarante-cinq kilomètres de circonférence (le périphérique parisien n'en fait que trente-cinq !) avec une piste de cinq mille mètres, la plus longue d'Europe. Quatre mille cinq cents personnes y travaillent.

La mission est baptisée « Marcotte 410 » (ne me demandez pas pourquoi...). Et le décollage est prévu à 14 h 30. Nous rejoindrons l'axe Diana (près de Nîmes) où, pendant près de deux heures, notre citerne volante va dessiner des

« hippodromes » à sept mille cinq cents mètres d'altitude. Chaque zone de ravitaillement porte un nom de femme : Judith, Diana...

Sur l'hippodrome, deux points d'entrée, Delta 1 et Delta 2, où nous avons rendez-vous avec les avions de chasse à une heure bien précise. Afin de me montrer l'ensemble des possibilités, il est prévu trois séries de ravitaillement, d'environ quinze minutes chacun : en bout d'aile, appelé *pods*, et à l'arrière de l'avion, appelé *boom* ou « baignoire ».

À 13 heures, c'est le *cocking*, sorte de grande check-list de la mission : avec l'équipe médicale, nous répétons au sol tous les gestes, les déplacements pour qu'il n'y ait pas de mauvaise surprise en vol. En fait, elle s'entraîne depuis un mois ! Puis on m'installe à l'intérieur, derrière les pilotes. Mise en route, vibrations dans la cabine. Sur mon téléphone portable, j'enregistre le bruit assourdissant des quatre moteurs pour le partager plus tard avec mes copains. Rares sont ceux qui peuvent entendre ce son « de l'intérieur ».

Les premiers ravitaillements ont lieu sous le nom de code « Rayak 141 » : quatre Rafale viennent, deux par deux, en *pods*, engouffrer six tonnes de kérosène. Des caméras filment les avions qui tètent en bout d'aile. Dans la cabine, sur l'écran de contrôle, nous suivons le bon déroulement des opérations. Puis les auxiliaires me portent jusqu'au hublot pour que j'assiste au ravitaillement de deux Mirage 2000. On a l'impression qu'on pourrait les toucher du doigt.

Enfin, nous nous retrouvons dans la baignoire, à l'arrière de l'avion. Pour mieux suivre l'opération, on m'a allongée sur une sorte de couchette près de l'officier ravitailleur. Avec Yvon qui grimpe sur le photographe, et mes deux « assistantes », nous nous serrons les uns contre les autres en pouffant de rire. « Jamais je n'avais vu autant de monde là-dedans ! » remarque l'officier-major. On se relaie pour voir par la vitre les deux Rafale arriver de loin, s'approcher, puis téter leur mère ! Surtout moi, puisque Tao et Mika sont aux commandes. Maman, marraine, filleuls, on est vraiment en famille !

Le ravitaillement en kérosène est terminé. Avant de rentrer à la base, Tao m'adresse des petits battements d'ailes de son Rafale : j'en fonds de tendresse...

Au sortir de l'avion, le colonel Moritz vient recueillir mes premières impressions. J'avais prévu de prononcer une parole de remerciement, mais étourdie par le bruit, le vent, l'émotion, je me sens timide. Mon sourire et mes yeux brillants parlent pour moi. « Je vous écrirai... », dis-je au colonel. C'est toujours dans la solitude de mon bureau que je trouve les mots qui expriment le mieux ma joie et ma gratitude. Pour eux, elle est immense, aujourd'hui.

... Et elle est sans fin ! En juin 2014, je me rends à Cazaux fêter les quatre-vingts ans de l'armée de l'air. Déjà octogénaire, ma grande famille est toujours aussi séduisante ! Sur le tarmac où se rassemblent les invités, j'écoute, j'observe, je capte des voix connues, les mots tourbillonnent autour de moi. Dans le brouhaha des hauts gradés de l'armée, industriels, pilotes, amis, je me glisse, cherche un regard, un visage, reconnais un dos, une nuque, une démarche chaloupée... Je me précipite vers un sourire pour dire bonjour, échanger quelques paroles, nos connaissances sur les avions qui vont évoluer dans la journée, puis repars comme un papillon qui vole de fleur en fleur. Le chef d'état-major de l'armée de l'air, le général Denis Mercier, vient m'embrasser. « Tu fais la bise à un général cinq étoiles, toi ? » s'étonne Jean-Louis Daroux, mon instructeur. Ben oui, pourquoi ?

Jean-Louis, qui a eu une longue carrière dans l'aéronautique, va être interviewé l'après-midi assis devant les commandes de l'A400M, le tout dernier avion de transport fabriqué par Airbus Defence and Space. Il doit le comparer avec le Noratlas, classé monument historique en 2006, avec lequel il effectuait ses missions. « Je n'irai pas déjeuner, je me concentre... », me dit-il. Lui, que l'on surnommait dans l'armée « la terreur des cockpits », semble intimidé et cela m'émeut. « Dans le Noratlas, on se faisait les muscles, dans l'A400M, on se fait les neurones », déclarera-t-il devant les caméras, ce qui lui vaudra de nombreux messages de félicitations.

Le Breguet XIV prend son envol, lourd, lent, je sais que mon ami Eugène est aux commandes. C'est un moment important pour lui : le projet de reconstruire un Breguet XIV, il m'en parlait déjà en 1995 lorsqu'il m'avait emmenée faire le rallye aérien Toulouse/Saint-Louis du Sénégal.

Suivront les démonstrations de l'équipe de voltige de l'armée de l'air, les cartouches dorées, (une patrouille de quatre avions), de la Breitling Jet Team, des Mirages 2000, célébrés autant par les amateurs que par les professionnels.

Au son des M88, les visages se lèvent vers le ciel pour voir le vol du Rafale. Le passage à mille kilomètres à l'heure de Tao est vécu en direct par des millions de téléspectateurs.

Peu avant la présentation de la Patrouille de France, un journaliste de la télévision s'approche de moi :

— Dorine, je peux vous poser quelques questions ?

— Heu, oui... mais je n'ai rien préparé !

— Dites les choses comme vous les sentez, vous avez l'air si heureuse ! Des exemples de parcours comme le vôtre frappent l'imagination...

— Vous pensez ?

— Oui... Et je sais de quoi je parle, mon fils est handicapé...

Là, il m'a cueillie, je ne m'attendais pas du tout à cette confidence. Je tourne la tête vers les avions, cherche un visage pour dissimuler mon émotion, puis me concentre sur mon interlocuteur. Pour lui, pour son fils, je veux trouver les mots justes. Il faut que je dise que si un avion m'a enlevé mes jambes, l'aviation, elle, m'a tout donné. Et au centuple. Il faut que je dise que l'espoir peut être immense si l'on croit à ses rêves, si on ne renonce à rien. Il faut que je dise, il faut que je dise...

Le journaliste ouvre son micro. Trois, deux, un...

Annexe

Lettre ouverte à François Hollande parue dans *Le Journal du dimanche*.

Monsieur le Président,

Je vous écris ces quelques lignes sans trop savoir comment m'adresser à vous. Je m'appelle Dorine Bourneton, je ne vous ai jamais rencontré et sans doute ne me connaissez-vous pas. Je vous écris ces quelques lignes parce que, vous et moi, nous nous ressemblons par la volonté qui nous anime, mais surtout parce que nous devons saisir la chance qui nous est offerte : construire une vie accomplie et utile aux autres.

Je vous écris pour vous dire combien j'ai eu de la chance. Et combien les opportunités qui m'ont été offertes par ma volonté et par des personnes exceptionnelles et passionnées m'ont permis de réaliser des choses qui paraissaient impossibles de prime abord.

J'ai de la chance car, à seize ans, j'ai été la seule rescapée d'un accident d'avion ; chanceuse, oui, même si j'ai perdu l'usage de mes jambes, et que je dois désormais me déplacer en fauteuil roulant. J'ai de la chance car, quelques années plus tard, j'ai passé mon brevet de pilote d'avion et suis devenue l'une des premières femmes pilotes handicapées à effectuer une présentation en vol au Salon du Bourget.

J'ai de la chance car, il y a sept ans, j'ai pu devenir la « maman à roulettes » épanouie d'une petite fille ravissante. J'ai participé à la création d'une entreprise employant des salariés handicapés, j'écris des livres, donne des conférences, ce qui me vaut beaucoup de témoignages de solidarité.

Si j'ai réussi à accomplir des choses exceptionnelles, aujourd'hui, mon quotidien est de ne pouvoir accéder à l'école de mon enfant ou à la pharmacie de mon quartier, de ne pas manger du pain frais tous les jours car la boulangerie a une marche infranchissable. Mes amis hésitent souvent à m'inviter le samedi soir au cinéma ou au restaurant, lieux inaccessibles pour moi, et, demain encore, certains y renonceront par avance. Et je n'insisterai pas sur les journées pénibles qui sont les miennes où je ne peux me rendre aux toilettes dans des lieux publics, m'obligeant à me retenir pendant des heures... Accomplir des prouesses étonnantes est une chose, vivre le quotidien d'une personne à mobilité réduite en est une autre.

Monsieur le Président, si je vous écris aujourd'hui, c'est pour vous dire combien je suis attristée, affligée et révoltée du report de la loi de 2005 sur l'accessibilité handicap. Cette loi qui élevait la France au niveau de nombreux pays européens aurait permis à beaucoup de personnes handicapées d'accéder à des espaces qui leur restent aujourd'hui interdits.

Comment peut-on accepter en 2014 que la France, patrie des Lumières et de la liberté, empêche à des citoyens à part entière, par principe et de façon humiliante, l'accès à des lieux publics ? Comment la France, berceau des droits de l'homme, peut-elle valider une telle exclusion ? Les exemples dans l'Histoire, où des interdictions injustes ont conduit des hommes politiques à se lever et à prendre des décisions mémorables ne manquent pas. Le passé récent nous montre, à travers les textes de loi sur l'avortement ou la peine de mort que, souvent, on ne retient d'un mandat présidentiel que les décisions symboliques et courageuses. Que pensera-t-on demain de cette loi de 2005 si elle se transforme en une opportunité gâchée ? Comment pouvez-vous laisser passer une telle chance ?

Monsieur le Président, n'avez-vous donc personne dans votre entourage pour vous aider à mettre en place une réelle politique pour les personnes handicapées ? Pour surmonter les arguments financiers et développer des solutions viables, simples et tellement indispensables aux personnes à mobilité réduite ? Des solutions existent, peu onéreuses et adaptées à chaque situation. Allez-vous laisser le report de la loi sur l'accessibilité handicap devenir le symbole du renoncement du monde politique ?

Je n'ose croire que vous pensiez que l'impossible ne puisse devenir possible... si tel était le cas, je vous inviterais bien volontiers à voler à mes côtés lors du prochain Salon du Bourget.

Bien cordialement,

Dorine Bourneton

Remerciements

Merci à Claude Mendibil pour cette partition à quatre mains qui m'a permis de trouver une nouvelle fois une résonance et une harmonie merveilleuse à travers les mots.

Mon rêve de devenir pilote de voltige est devenu une réalité grâce au soutien de nombreuses personnes passionnées et audacieuses. Je ne peux malheureusement pas toutes les citer ici ni les remercier individuellement. Néanmoins je tiens à souligner qu'au-delà de l'exploit sportif, ce défi ne serait jamais devenu une telle aventure humaine sans le travail et la détermination de chacune des personnes impliquées et je les remercie chaleureusement.

Je remercie tout particulièrement Guillaume Feral, mon plus fidèle ami, qui a ouvert cette nouvelle voie et qui surmonte à mes côtés une à une les difficultés que représente le pilotage de voltige pour une personne handicapée.

Je remercie aussi les membres de l'AVA, l'indispensable Régis Alajouanine, et mes instructeurs Jacques Dugué et Romain Vienne, qui me forment avec patience et rigueur et sans qui je ne saurais franchir toutes les étapes nécessaires pour atteindre mes qualifications.

J'adresse un grand merci à Jean-Claude Roumilhac pour ses premières leçons.

Un immense merci aussi à Jean-Louis Ribes, qui croit en moi comme il croit en ses salariés en situation de handicap pour lesquels il se bat jour après jour.

Je remercie très chaleureusement Henri Lachman, qui prend régulièrement des nouvelles de ma formation. Son écoute attentive m'a permis de développer la confiance qui permet de se dépasser.

Je ne pouvais oublier de glisser ici mes remerciements au Cercle sportif des Invalides qui a accepté de m'accompagner dans ma préparation physique et mentale, une préparation digne de celle... d'un pilote de Rafale ! Pour cela un immense merci à Sam et Sybile, mes deux coachs.

Merci enfin aux entreprises du GIFAS, ADP (Aéroports de Paris), tous les partenaires, toutes les personnes que j'ai rencontrés et qui ont défendu et aidé mon projet. Notamment la Mission handicap d'Airbus, et particulièrement Marie-Stéphane Pefferkorn et Laurence Gauci, qui m'ont permis de débuter ma formation grâce à leur soutien immédiat et spontané.

Remerciements

Vous tous qui m'avez encouragée, aidée, portée par votre implication, vos efforts et vos conseils, et qui avez rendu possible cet incroyable défi qu'est Handivoltige aérienne, je vous remercie du fond du cœur.

La photocomposition de cet ouvrage
a été réalisée par
GRAPHIC HAINAUT
59410 Anzin

Cet ouvrage a été imprimé
en février 2015 par

FIRMIN-DIDOT

27650 Mesnil-sur-l'Estrée
N° d'édition : 54227/01
N° d'impression : 125421
Dépôt légal : février 2015

Imprimé en France